LE FRAN

ET LA PRO

N

Collection dirigée par
Max DANY
Agrégé de l'Université

LE FRANÇAIS DES EMPLOYÉS

SERVICES • COMMERCE • INDUSTRIE

Max DANY
Christine NOÉ
avec la collaboration de Anna CARTA

HACHETTE

26, rue des Fossés   Saint-Jacques
75005 Paris

Pour étudier
le français des employés (services, commerce, industrie)
on trouve, en complément à ce livre :
2 cassettes C.60, pour travailler toute la partie orale
(voir table p. 190)

Maquette de couverture :
Alix Colmant

Dessins :
Fernand Zacot
p. 37 : La Mouche/Nouvelles Frontières ; p. 156 : Faizant © C. Charillon

Photographies et documents :
page de couverture : Commerce-offices, J. Simms/Explorer ; p. 11 : Air France, Japan Air Lines, Austrian Airlines, Lufthansa ; p. 13 : Luc Perenom/RUSH, Burthand/RUSH ; p. 17 : Officiel des spectacles ; p. 19 : Pescayre ; p. 23 : Mapotel, Hôtel Ibis ; p. 29 : Cerruti, Air France Fret, La Redoute ; p. 31 : d'après le Guide France Michelin (éd. 1986) ; p. 35 : Air France Fret ; p. 41 : Huttes de France ; p. 47 : Landin, Eurochèque International ; p. 49 : Hachette, Confédération Nationale du Crédit Mutuel ; p. 61 : SIC PTT ; p. 72 : SIC PTT ; p. 73 : SIC PTT ; p. 85 : Orly ADP/M. Pastre ; p. 91 : PTT ; p. 97 : PTT ; p. 103 : Hachette ; p. 110 : La Redoute, 3 Suisses ; p. 111 : Henkel France ; p. 113 : 3 Suisses ; p. 117 : Direction centrale des douanes ; p. 123 : Direction centrale des douanes ; p. 129 : Air France Fret ; p. 135 : Spie Batignolles ; p. 141 : L'Expansion ; p. 143 : Michelin ; p. 146 : La Redoute ; p. 147 : Rustica ; p. 149 : 3 Suisses ; p. 151 : Iris/Société PEC ; p. 153 : Direction centrale des douanes ; p. 155 : Mocy.

ISBN 2.01.017057.1

Avant-propos

Cet ouvrage s'adresse d'abord à **un public scolaire** (adolescents des sections commerciales des lycées et collèges) ou en cours de formation à des emplois de la vie active (jeunes adultes). Les auteurs n'en ont pas moins voulu lui donner **un caractère résolument professionnel** en adoptant la démarche suivante :

1. évaluation des besoins qui, ultérieurement, pourront être ceux des apprenants dans leur travail quotidien ;

2. organisation générale de l'ouvrage autour de cette base à caractère pragmatique ;

3. détermination des contenus à la fois thématiques, linguistiques et communicatifs en fonction de cette orientation fondamentale ;

4. conception, élaboration et mise en œuvre d'une démarche pédagogique propre à faire acquérir, dans les domaines considérés, à la fois les nécessaires connaissances en langue et le savoir-faire communicatif indispensable dans les situations professionnelles retenues.

Le choix de ces dernières a été fonction du degré de probabilité qu'elles impliquent quant à l'utilisation du français. Un employé d'agence de voyage n'aura pas à parler français avec ses collègues ou son patron de même nationalité que lui, et pour la majeure partie de son travail, il utilisera sa langue maternelle. Par contre, avec des clients francophones ou des collègues français, il devra être capable de soutenir une conversation, en face à face ou par téléphone, de même qu'il aura à comprendre des lettres ou des télex, à y répondre, ou encore à lire certains documents professionnels simples en français. Ces **situations professionnelles impliquant l'utilisation du français** forment l'ossature du manuel et se répartissent dans les trois grands domaines de l'activité commerciale : **services, commerce, industrie**, qui déterminent les **trois chapitres** de l'ouvrage.

Une telle démarche suppose que l'objectif premier recherché est d'**entraîner les étudiants à une utilisation aussi pertinente que possible de la langue dans ce qui est fondamentalement, au sens propre du terme, une situation de communication.** Un guide répondra difficilement aux attentes des personnes qu'il accompagne, ou un représentant, dans une exposition commerciale, aux besoins d'information de ses clients potentiels, si l'un et l'autre ne possèdent pas un minimum de la langue correspondant aux actions à accomplir.

De la même manière, la stricte connaissance des éléments linguistiques (syntaxe, morphologie, vocabulaire), si elle est nécessaire, demeure insuffisante et parfois trompeuse ou dangereuse si elle n'est pas accompagnée des normes d'emploi (normes sociales, culturelles, professionnelles ou techniques) propres aux situations considérées.

Prendre ou rompre un contact (par lettre, télex, téléphone ou en face à face), présenter une proposition, rattraper une erreur... n'est pas seulement affaire de savoir linguistique, cela met en œuvre, par delà le simple aspect verbal, des capacités para-verbales (intonation en particulier) et extra-verbales (aptitude à juger la situation, attitude, gestes, etc.) constituant **un savoir-faire global**. Le choix d'**un enseignement à caractère communicatif** ne relève donc pas d'un *a priori* didactique théorique mais correspond aux nécessités fondamentales de la formation visée.

Dans chacun des domaines considérés et pour chacune des situations professionnelles retenues, ce savoir-faire nécessite un entraînement à **cinq types d'activités** dont chacune, pour chaque situation, fait l'objet d'une page d'exercices spécifiques. Il s'agit, en effet, de rendre les étudiants capables :

1. de participer, à la place qui est la leur, à des conversations simples avec des francophones, en face à face ou par téléphone. La page « **Parlez-vous français ?** » présente ainsi de courts dialogues qui, par delà les simples exercices de compréhension, proposent l'introduction, par les étudiants, d'éléments nouveaux, si possible tirés du contexte dans lequel ils vivent ;

2. de réagir en français et de façon appropriée dans diverses relations sociales ou professionnelles (refuser poliment, décrire, donner des renseignements, proposer, etc.). Les exercices de la page « **Agir en français** » constituent un entraînement systématique à la manipulation de ces divers actes de parole ;

3. de traiter un courrier courant — lettres ou surtout **télex** — et d'utiliser le téléphone dans un contact avec un francophone. La page « **Communiquer en français** » a pour but de rompre l'élève à ces diverses activités, au niveau de responsabilité, bien sûr, qui est celui d'un employé. Pour cette page comme pour la précédente, les exercices sont conçus de façon suffisamment ouverte pour impliquer, autant que faire se peut, les étudiants ;

4. de comprendre des documents simples, techniques ou à caractère plus général, et de les utiliser dans le travail. La page « **Documents** » est constituée de documents authentiques que le professeur peut utiliser en fonction de sa classe et de ses objectifs ;

5. de manipuler avec sûreté un certain nombre de formes linguistiques de base (formes verbales, genre, nombre...) et de rapports de sens (en particulier en ce qui concerne le temps ou le moment). La page « **Perfectionnez votre grammaire** » rassemble des exercices organisés suivant une progression s'inspirant très largement de la notion de l'écho (1) qui permet de reprendre chaque thème grammatical traité dans la situation qui suit, puis en sautant une, puis deux, puis trois situations.

Ces divers « savoir-faire » enfin, sont rassemblés dans la sixième page de chaque situation, « **Cas professionnel** », qui synthétise les acquis des pages précédentes, dans un ou des « cas » pratiques se rapportant au thème de la situation, et le plus souvent adaptables aux caractéristiques du pays où se déroule l'enseignement.

---

(1) Voir GALISSON et COSTE : *Dictionnaire de didactique des langues* (Hachette), article « Écho ».

Chaque page, bien sûr, n'a pas à être étudiée et pratiquée de façon exhaustive avant de passer à la suivante ; au contraire, il est conseillé à l'enseignant d'organiser ses leçons en mélangeant les divers exercices qu'elles proposent. Ces 144 pages d'exercices représentent à peu près le même nombre d'heures de travail en classe. Mais là encore, suivant le type d'école et de public, tout n'est pas forcément à traiter.

On remarquera, au hasard de ces pages, quelques bandes dessinées présentant les aventures de notre héros **Francofil**, épris de tout ce qui est français, mais « gaffeur » impénitent. Il apporte **une note humoristique** dans un contenu par ailleurs assez sévère, mais il sert également à introduire **des possibilités d'utilisation pratique de la langue** telles que :

— description de la scène (Que fait Francofil ? Qu'est-ce qu'il ne doit pas faire ? etc.) ;
— discussion sur le fait qui entraîne la « gaffe » (avec peut-être quelques aspects culturels sommaires) ;
— passage au maniement du conditionnel (si vous étiez à la place de Francofil...) ;
— création de courts dialogues possibles adaptés aux situations présentées, etc.

Deux précis et un glossaire complètent, à l'intérieur de l'ouvrage, le matériel pédagogique écrit.
Le **précis commercial** développe, encore que de façon succincte, un certain nombre de points techniques évoqués dans l'ouvrage.
Le **précis grammatical** présente, de façon schématique, l'ensemble des points de grammaire traités dans les exercices.
Le **glossaire** enfin, en quatre langues, reprend les termes professionnels qui, pour les trois domaines considérés, apparaissent dans les diverses situations.

Le manuel s'accompagne de **deux cassettes sonores** qui comportent l'enregistrement de tous les dialogues, des conversations téléphoniques, ainsi que des exercices de grammaire à caractère quelque peu mécanique (environ un tiers du total).

L'ensemble est conçu pour **un public qui possède en français un niveau très élémentaire** (60 à 80 h d'enseignement) et à qui nous souhaitons, par delà l'acquisition d'un savoir ou d'un savoir-faire, donner le goût et l'envie de se familiariser davantage avec la pratique du français.

Les trois symboles que l'on trouvera dans les pages « Communiquer en français » précisent le type de communication sur lequel portent les activités et/ou exercices de la page :

communication   communication   communication
par téléphone   par télex   par courrier

Chapitre 1

Dans une entreprise de services

Situation 1 A l'aéroport

Parlez-vous français ?

1 _____

Une hôtesse	Votre attention, s'il vous plaît ; les passagers du groupe Europe Loisirs, en provenance de Paris, sont invités à sortir porte numéro 3. Une hôtesse les attend.

☞ Dites l'annonce puis changez.
Le groupe : Jet Tours - Loisirs Vacances - Nouvelles Frontières
La provenance : Bruxelles - Strasbourg - Genève
La porte : 4 - 6 - 7

2 _____

L'hôtesse	Bonjour, Madame. Est-ce que vous êtes du groupe Europe Loisirs ?
Une dame	Oui, Mademoiselle. Je suis avec mon mari.
L'hôtesse	Bonjour, Monsieur.
Un monsieur	Bonjour, Mademoiselle. Où allons-nous ?
L'hôtesse	L'autobus vous attend devant la porte numéro 3.
La dame	Merci, Mademoiselle. Tu viens, Marcel ? Tu as les bagages ?

☞ Redites le dialogue.
Les passagers sont :
— deux dames (deux amies, Isabelle et Monique) ;
— deux messieurs (deux amis, Albert et Jean).

3 _____

Une hôtesse	Votre attention, s'il vous plaît ; monsieur Lebreton, passager en provenance de Paris, vol Air France 700, est prié de se présenter au service accueil d'Air France, dans le hall de l'aéroport. Nous répétons : monsieur Lebreton, passager en,..

☞ Dites l'annonce complète puis changez.
Le passager : M. Grandet - M. Dartois - M. Lefranc
Le vol : Air Canada, provenance Québec, vol 800 - Swiss Air, provenance Genève, vol 200 - Air France, provenance Nice, vol 900

Agir en français.

☐ COMMENT SALUER UN AMI ?

Monique : « Salut, Jacques, ça va ?
Jacques :   — Salut, Monique. Oui, ça va, et toi ? »

☐ ... UN COLLÈGUE ?

M. Grandet :   « Bonjour Mme Dupont, comment allez-vous ?
Mme Dupont : — Bonjour M. Grandet, je vais bien, merci, et vous ? »

☞   Redites les dialogues. Vous rencontrez :
    Charles - M. Lefranc - Gisèle - Paul - Mme Dartois

☐ COMMENT SE PRÉSENTER ?

« Bonjour, je suis Brigitte Trubert. J'habite à Rennes. »
« Je m'appelle Marc Sampieri, je viens d'Ajaccio. »

☞   Changez les noms et les villes.
    Charles ; il habite à Dijon.
    Simone ; elle vient de Strasbourg.
    Sylvie ; elle habite à Vichy.
    Paul ; il vient de Nîmes.

JEU DE RÔLES

☞   Présentez-vous : dites votre nom, la ville où vous habitez... Saluez
    un(e) ami(e), un(e) collègue.
☞   Comptez de 1 à 10.
    1, 2, ...
    10, 9, ...
    Lisez : 3 - 9 - 7 - 1 - 4 - 10 - 2 - 5 - 8 - 6 - 10 - 5 - 3 - 8
    - 2 - 7 - 6

Communiquer en français.

Un Français téléphone à l'aéroport pour laisser un message.

1 _____

« Service accueil, bonjour.
— Bonjour, Mademoiselle. J'ai un message pour M. Grandet, passager du vol Air France, en provenance de Paris. M. Lefranc attend M. Grandet à la porte numéro 6. »

2 _____

« Service accueil, j'écoute.
— Bonjour, Mademoiselle. J'ai un message pour les passagers du groupe Europe Loisirs, vol Swiss Air, en provenance de Genève. Une hôtesse les attend à la porte numéro 7. »

3 _____

« Service accueil, à votre service.
— Bonjour, Mademoiselle. Voici un message pour M. Dartois, vol Sabena, en provenance de Bruxelles. M. Dartois est prié de se présenter au restaurant de l'aéroport. »

☞ Écoutez ces messages et complétez le tableau suivant.
Messages
_De :_ ....
Pour : ....
Vol : ....
Provenance : ....
Message : ....

☞ Messages en langue maternelle.
Votre professeur dit des messages dans votre langue. Ils sont pour des Français ; les Français ne comprennent pas votre langue. Vous traduisez les messages.

LES AVENTURES DE FRANCOFIL

Documents.

Vienne
ville de congrès

10 vols par semaine
au départ d'Orly-Sud.
En Première classe
comme en classe Touriste,
Austrian Airlines
vous offre un service
de grande qualité.
Et le confort de ses DC9.

AUSTRIAN AIRLINES
Austrian Airlines, Orly-Sud.
Réservations : (1) 42.66.34.66

Bonjour!
Bienvenue à bord de notre avion français.

Airbus

⊗ **Lufthansa**

TOKYO.
SANS ESCALE.

**Tout ce que vous êtes
en mesure d'attendre. Et même plus.**

JAPAN AIR LINES

1. Écrivez le nom de la compagnie allemande, française, autrichienne, japonaise.
2. Soulignez les mots que vous comprenez.
3. Essayez de comprendre (ou de deviner) le sens des phrases. Votre professeur vous aide.

Perfectionnez votre grammaire.

Les verbes « être », « avoir », « aller », « venir » (34)[1]

Je suis avec mon mari. Tu as les bagages ? Où allons-nous ? Tu viens, Marcel ?

1/ Regardez.

F	I	E	T	E	T	E	S
M	L	O	K	P	E	S	S
R	G	L	S	O	N	T	A
N	A	V	O	N	S	I	R
I	V	E	M	T	U	P	E
N	E	A	M	J	I	D	V
C	Z	T	E	O	S	T	A
O	R	A	S	N	Q	U	E
I	M	I	O	U	K	L	H
B	M	A	L	I	T	S	K

G	H	A	B	M	I	E	V	E	Z
E	R	L	F	V	A	R	A	V	A
Z	B	E	V	I	E	N	S	E	L
S	Y	V	I	E	N	N	E	N	T
P	U	V	E	N	E	Z	M	O	D
T	V	O	N	T	A	C	I	N	E
R	A	P	A	L	L	O	N	S	W
U	I	F	R	I	L	J	O	M	A
G	S	I	K	O	E	L	N	O	X
A	Q	U	E	L	Z	A	V	E	P

a. Retrouvez les formes du présent des verbes : être, avoir, aller, venir.

b. Écrivez chaque forme avec : je, tu, il, elle, on, nous, vous, ils, elles.

« avoir » et « être », l'emploi des verbes (34)

2/ Complétez avec « avoir » ou « être ».

1. Il ... du groupe Jet Tours.
2. Marie ... dans le restaurant.
3. Nous ... un message pour M. Dupont.
4. Elle ... hôtesse.
5. Les bagages ... devant la porte.
6. Les passagers ... un vol demain.

La forme interrogative (50)

Est-ce que vous êtes du groupe Europe Loisirs ?

3/ *On vous demande :* « Tu viens demain ? »
Vous répondez : « Oui, et toi, est-ce que tu viens demain ? »

On vous demande : « Est-ce que vous êtes content ? »
Vous répondez : « Oui, et vous, vous êtes content ? »

1. Vous allez à l'aéroport ? 2. Est-ce que vous avez une valise ? 3. Est-ce que tu as les bagages ? 4. Vous venez souvent ? 5. Est-ce que vous êtes ensemble ? 6. Tu vas à la porte n° 3 ?

---

(1) Ces numéros renvoient aux paragraphes du précis grammatical ; voir pp. 165 à 182.

Cas professionnel.

1 Message

> *De :* Hôtesse d'accueil
> *Pour :* Passagers du groupe Air Tours
> *Vol :* Air Afrique
> *Provenance :* Abidjan
> *Message :* L'hôtesse attend les passagers du groupe à la sortie porte numéro 5.

- **a.** Faites l'annonce.
- **b.** Que dit l'hôtesse aux passagers ? Complétez.

> *L'hôtesse*   Bonjour, ... Marie-Claire Dupont.
>   ... . les passagers ... . ?
> *Les passagers*   Oui, c'est bien nous. Où allons-nous ?
> *L'hôtesse*   Venez, un autobus ... .
>   Vos bagages ... déjà .... autobus.

2 Message

> *De :* Pascal Grandet
> *Pour :* Daniel Leroc
> *Vol :* Air France
> *Provenance :* Paris
> *Message :* M. Daniel Leroc est prié de se présenter
>   au bar de l'aéroport.

- **a.** Faites l'annonce.
- **b.** Que dit M. Leroc ? Complétez.

> *M. Leroc*   Bonjour, vous ..... M. Pascal Grandet ?
>   Je ..... Daniel Leroc, je ...... Paris.
>   Où ..... -nous ?
> *M. Grandet*   Venez, un taxi ....

- **c.** Imaginez d'autres situations. Trouvez — de qui est le message,
  — pour qui,
  — le vol, la provenance,
  — le message.

Parlez-vous français ?

Au restaurant _____

Le maître d'hôtel	Bonjour Madame, bonjour Monsieur. Deux personnes ?
Le client	Oui.
Le maître d'hôtel	Par ici, je vous prie. Pardon, Madame... Si vous voulez bien prendre place.

. . . .

Le maître d'hôtel	Vous désirez la carte en français ?
Le client	Oui, s'il vous plaît. Merci, Monsieur.
Le maître d'hôtel	Voilà notre carte. Nous avons aussi deux menus, les voilà.

. . . .

Le client	Garçon, l'addition, s'il vous plaît.
Le garçon	Tout de suite, Monsieur. Voilà l'addition, Monsieur.
Le client	Le service est compris ?
Le garçon	Non, Monsieur, il n'est pas compris dans le prix.

☞ **a.** Complétez avec les noms du dialogue.

Masculin	*Féminin*	*Pluriel*
le maître d'hôtel	la.	les. . . . .
. . . .	. . . .	. . . .

b. Complétez avec les verbes des dialogues.

Singulier	*Pluriel*
Je	Nous . . . .
Il	Vous. . . . .

☞ Répondez.

Ex. : Est-ce que la table est pour quatre personnes ?
— Non, la table est pour deux personnes.
Est-ce que le maître d'hôtel a une table pour deux personnes ?
— Oui, le maître d'hôtel a une table pour deux personnes.
1. Est-ce que le maître d'hôtel a une carte en français ? 2. Est-ce qu'il y a quatre menus ? 3. Est-ce que le client demande l'addition ? 4. Est-ce que le service est compris ?

☞ Redites les trois parties du dialogue. Changez.
— Il y a trois personnes : deux dames/un monsieur - deux messieurs/une dame.
— Il y a quatre personnes.
— Le maître d'hôtel propose trois menus, un seul menu.
— Le service est compris.

Agir en français.

☐ COMMENT LIRE UNE CARTE EN FRANÇAIS ?

MENU

Entrées		
Terrine de canard	32 F
Crudités assorties	23 F
Potage du jour	18 F
★	
Salade du jardin	21 F
★	
Plateau de fromages	35 F
★	

Boissons		
Vin (blanc ou rouge) - Pichet 1/4 .	16 F
Réserve de la maison - Pichet 1/2 .	29 F
Eaux minérales : 1/2 bouteille	8 F
bouteille	12 F

Plat principal		
(servi avec les légumes du jour)		
Sole meunière	64 F
Entrecôte grillée	57 F
Poulet rôti	49 F
★	

Desserts		
Glaces ou sorbets	22 F
(parfums variés)	
Tarte aux fruits	30 F
Crème renversée	25 F

*Service 15 %
non compris*

En France, repas complet = entrée ; plat principal ; salade ; fromage ; dessert; boisson
repas réduit = entrée; plat principal ; fromage ou dessert; vin et/ou eau minérale

☞ Pouvez-vous expliquer les plats de la carte ? Votre professeur vous aide.

☞ **a.** Vous faites deux menus en français ; vous dites les prix.
b. Traduisez une carte simple de votre pays.

LES AVENTURES DE FRANCOFIL

Communiquer en français.

1 _____

L'employé	Le restaurant du Château, j'écoute.
M. Lebreton	Allô ! est-ce qu'on peut avoir une table pour aujourd'hui, s'il vous plaît ?
L'employé	Bien sûr, Monsieur. Pour déjeuner ou pour dîner ?
M. Lebreton	Pour déjeuner. Quatre personnes. Une table avec vue sur le parc.
L'employé	Bien Monsieur. A quel nom, je vous prie ?
M. Lebreton	Lebreton. L.E.B.R.E.T.O.N.
L'employé	Monsieur Lebreton, quatre couverts pour midi, une table avec vue sur le parc. A tout à l'heure, Monsieur.

☞ **a.** Avez-vous compris le dialogue ?
Nom du restaurant : ...
Dîner : oui/non
Déjeuner : oui/non
Personnes : 1 - 2 - 3 - 4 - 5 - 6 - 7 - 8
Vue : ...
Monsieur : ...

b. Redites le dialogue. Changez.
— Restaurant du Soleil
— 6 personnes - pour dîner
— Vue sur le château
— Mme Grandet téléphone

2 _____

Le propriétaire	....
Le client	Allô ! est-ce que je peux réserver une table ?
Le propriétaire	....
Le client	Pour déjeuner.
Le propriétaire	....
Le client	Non, pour cinq personnes. C'est possible ?
Le propriétaire	....
Le client	Lemoine. L.E.M.O.I.N.E.
Le propriétaire	....
Le client	A tout à l'heure.

☞ Imaginez le nom du restaurant puis trouvez les paroles du propriétaire. Dites le dialogue complet.

☞ Imaginez d'autres dialogues.

Documents.

1. Dites et écrivez le nom des restaurants.
2. Soulignez les mots que vous comprenez.
3. Essayez de comprendre le sens des phrases ou des expressions. Votre professeur vous aide.

Perfectionnez votre grammaire.

Les verbes « faire » et « dire » au présent (34)

Vous faites deux menus en français ; vous dites les prix.

1/ a. Complétez pour former le présent des verbes « dire » et « faire ».

b. Ajoutez devant ces formes le ou les pronoms sujets correspondants : je, tu...

La négation « ne... pas » (51)

Il n'est pas compris.

2/ Regardez.

1. Le client a le menu ? — Non, il n'a pas le menu, il a la carte.

2. Le passager est dans le bar ? — Non, il n'est pas dans le bar, il est devant la porte numéro 7.

3. Il va à l'aéroport ? — Non, il ne va pas à l'aéroport, il va à l'hôtel.

4. Il vient de l'hôtel ? — Non, il ne vient pas de l'hôtel, il vient de l'aéroport.

a. « Est-ce que tu as le menu ? — Non, je... »
Sur ce modèle, refaites les questions et les réponses ci-dessus.

b. « Est-ce que vous avez le menu ? — Non, je (nous)... »
Sur ce modèle, refaites les questions et les réponses ci-dessus.

Les négations « ne... rien », « ne... jamais » (51)

Il n'y a rien. Il n'y a jamais de place chez vous.

3/ Regardez.

L'hôtesse va souvent à l'aéroport. Et M. Roche ?
— M. Roche ? Il ne va jamais à l'aéroport.
Bernard dit l'annonce. Et Isabelle ?
— Isabelle ? Elle ne dit rien.

Continuez.
1. Jacques vient souvent. Et Sylvie ? 2. Monique mange un steak. Et Guy ? 3. Véronique va souvent au restaurant. Et M. Deneuve ? 4. Les garçons notent les réservations. Et le maître d'hôtel ? 5. M. Dartois et Roger viennent aujourd'hui. Et Dominique ? 6. Brigitte et Claude vont souvent à Paris. Et Marc ?

Le genre des pronoms personnels sujets (21)

Le service est compris ? — Non, Monsieur, il n'est pas compris.

4/ Regardez.

La locataire ? Elle est très aimable.
Le locataire ? Il est très aimable.

Continuez avec : propriétaire - touriste - concierge - collègue - journaliste.

Les pronoms sujets :
singulier et pluriel

Elle dit. Elles disent.

5/ Complétez le tableau.

	être	*avoir*	*aller*	*venir*	*faire*	*dire*
il	est					
elles						
on						
elle						
ils						

Cas professionnel.

1 Au restaurant

Le garçon Bonjour Madame, bonjour Messieurs, vous désirez déjeuner ?

Le client Oui, nous sommes trois.

Le garçon Est-ce que vous avez réservé ?

Le client Non, pourquoi ?

Le garçon Je regrette, nous n'avons pas de table. Nous sommes complets. Mais nous avons encore des tables libres ce soir, pour dîner.

Le client Vous n'avez vraiment pas de table ?

Le garçon Je suis désolé, mais il ne reste vraiment rien.

● Redites le dialogue : le client n'est pas dans votre restaurant, il vous téléphone.

2 Au téléphone

La cliente Allô !

La propriétaire Le Chêne vert, à votre service.

La cliente Je désire une table pour deux personnes, pour déjeuner.

La propriétaire Je suis désolée, Madame, mais ce n'est pas possible pour le déjeuner, le restaurant est complet.

La cliente Même pour deux personnes ?

La propriétaire Même pour deux personnes, Madame. Il n'y a rien.

La cliente Tant pis. Il n'y a jamais de place chez vous.

La propriétaire Je regrette vraiment, Madame. Une autre fois, peut-être.

● Redites le dialogue : le client ne téléphone pas, il est dans votre restaurant.

Situation 3   A l'hôtel

Parlez-vous français ?

1 *A l'arrivée (1)*

Le réceptionnaire [1]	Bonjour, Madame. Bonjour, Monsieur.
Le client	Bonjour. Est-ce que vous avez une chambre ?
Le réceptionnaire	Je pense que oui, Monsieur. Pour deux personnes ?
Le client	Oui, avec bain et W.C.
Le réceptionnaire	Deux personnes... avec bain et W.C.... Pour combien de nuits ?
Le client	Deux nuits.
Le réceptionnaire	Deux nuits... Oui, c'est possible. Chambre 306, au troisième étage.

☞ Redites le dialogue. Changez.
— chambre pour une personne, avec douche, quatre nuits, chambre 206, 2e étage
— chambre pour deux adultes et un enfant, avec bain et W.C., trois nuits, chambre 608, 6e étage

2 *A l'arrivée (2)*

Le réceptionnaire	Bonjour, Monsieur.
Le client	Bonjour. J'ai réservé une chambre. Je m'appelle Maurice Dupont.
Le réceptionnaire	Oui, c'est ça. Monsieur Maurice Dupont. Une chambre avec douche et W.C. Vous avez la chambre 302, au 3e étage. Voilà votre clé, Monsieur. Si vous voulez bien suivre le garçon, il vous accompagne.

☞ Complétez.
Le client s'appelle ... Il a la chambre ... C'est une chambre avec ... ... accompagne M. Dupont et il porte ... de M. Dupont dans la chambre.

3 *Au départ*

La cliente	Madame Duverger, chambre 303. Je peux avoir la note ? Et aussi la note de monsieur et madame Defait, chambre 304. Ils sont avec nous.
Le réceptionnaire	Certainement, Madame. Vous êtes satisfaite de votre séjour ?
La cliente	Tout à fait. Nous reviendrons certainement. Vous avez des dépliants de l'hôtel ?
Le réceptionnaire	Non, Madame. Nous n'avons pas de dépliants, mais voici une carte.
La cliente	Merci. Je peux payer avec une carte de crédit ?

☞ Répondez.
1. Qui vient à la réception ?
2. Qu'est-ce que la cliente demande ?
3. Qui est avec M. et Mme Duverger ?
4. Qu'est-ce que la dame demande après la note ?
5. Qu'est-ce que le réceptionnaire donne à la dame ?

[1] Le dictionnaire dit « réceptionniste », la profession emploie « réceptionnaire ».

Agir en français.

☐ COMMENT DIRIGER QUELQU'UN ?

Voici le plan du hall d'un hôtel :

☞ Vous êtes réceptionnaire. *Une cliente vous demande :* « Pardon, mademoiselle, où est l'entrée du restaurant ? » *Vous lui répondez :* « Devant vous, Madame, à droite, au fond du hall. »

Voilà d'autres clients. Vous les dirigez.
— Un monsieur vous demande la salle de conférences.
— Deux dames vous demandent le kiosque à journaux.
— Un monsieur et une dame vous demandent l'ascenseur.

☞ Vous êtes réceptionnaire. Un client doit rencontrer un autre client.
Il vous demande : « M. Delarue, c'est quelle chambre ? »
Vous lui répondez : « C'est la chambre 910, 9e étage, Monsieur. »

Le client demande aussi :
1. Mme Lebreton (chambre 303, 3e étage)
2. M. Rodier (chambre 502, 5e étage)
3. M. Leroc (chambre 801, 8e étage)
4. Mme Robert (chambre 109, 1er étage)
5. Mme Dartois (chambre 706, 7e étage)
6. M. Trubert (chambre 204, 2e étage)
7. M. Grand (chambre 605, 6e étage)
8. Mme Trevisse (chambre 407, 4e étage)

Communiquer en français.

Les parties du télex

1. L'expéditeur écrit en noir.
   Le destinataire écrit en rouge.
   NOVOTEL 132 120 F = le numéro de télex du destinataire
   CAVILAM 990 750 F = le numéro de télex de l'expéditeur
   F = France

2. 149 = le jour d'envoi du télex
   1 = 1er janvier
   18 = 18 janvier
   32 = 1er février
   33 = 2 février
   365 = 31 décembre
   14 22 = l'heure d'envoi du télex : 14 heures 22 minutes

3. MOM = j'attends/attendez un moment.

```
NOVOTEL 132120 F
149 14 22
CAVILAM 990 750 F
BONJOUR.AVEZ-VOUS CHAMBRE DOUBLE AVEC BAIN DISPONIBLE
POUR NUIT DU 31 MAI AU 1 JUIN? MOM

OK IL N'Y A PAS DE PROBLEME. DONNEZ-MOI LE NOM ET
LES COORDONNEES SVP

RESERVATION A FAIRE AU NOM DE MONSIEUR DANY QUI PAIERA
LUI-MEME SA CHAMBRE MERCI

HEURE D'ARRIVEE PREVUE SVP?

MOM JEUDI 31 VERS 20 HEURES

OK MERCI BEAUCOUP A VOUS
BONNE FIN DE JOURNEE
LA RECEPTION , HERVE

NOVOTEL 132 120 F
CAVILAM 990 750 F
```

☞ **a.** Dites le jour d'envoi du télex pour 17, 28, 56, 128, 176.
b. Dites l'heure d'envoi pour 07 48, 11 59, 17 42, 19 48, 21 07, 22 22.

Documents.

TOULOUSE le mirail

QUARTIER DU MIRAIL
31300 TOULOUSE
TÉL. 61/40.86.86
TELEX 520 805

PETIT LEXIQUE
A L'USAGE
D'UN CLIENT IBIS

Animaux : Acceptés avec un léger supplément.
Gratuité : Pour les enfants jusqu'à 8 ans lorsqu'ils partagent la chambre de leurs parents.
Petit déjeuner : Deux formules : forfaitaire (pain, beurre, confiture, boisson chaude, le tout à volonté) ; — buffet : selon consommation.
Règlement : Paiement des chambres à l'arrivée.
Repas : Réglés immédiatement, tickets et chèques restaurant acceptés.
Réservation : Maintenue jusqu'à 19 h 30 si elle est passée sans mention précise d'heure d'arrivée.
Restaurant : Ouvert de 12 h jusqu'à 22 h 30 sans interruption.
Téléphone : Communications de l'extérieur passées dans les chambres. Appels à partir du téléphone de l'hôtel. Taxiphone et cabine au rez-de-chaussée.

36, AVENUE DU DOYEN
JEAN LÉPINE
69500 BRON
TÉL. 78/54.31.34
TELEX 380 694
enseigne hostel
Direction Jean-Claude LUZY
140 chambres
4 pour handicapés physiques
Téléphone automatique
Radio Bar/Salon
Restaurant ouvert de 12 h à 14 h et
de 19 h à 21 h
Salles pour réunions

LYON hostel

MARSEILLE

6, RUE DE CASSIS
13008 MARSEILLE
TÉL. 91/78.59.25
TELEX 400 362
Direction
Maurice PERRIN MARECHAL
113 chambres
A proximité du
Palais des Congrès et
de la Plage du Prado

Paris

Mapotel
California
☆☆☆☆ L
16, rue
de Berri
75008 Paris

Tél. (1) 359-93-00
Télex 660 634

Nouveau Mapotel 1981.

L'un des «très grands» de Paris par l'excellence de son mobilier, la beauté de sa décoration et le style du service.

Au cœur de Paris, vous pourrez apprécier dans ses deux restaurants, la haute cuisine française, servie en été dans un charmant patio fleuri.

Séjours et repas d'affaires et de loisirs prendront ici l'aspect d'un rêve.
Téléphone réseau direct.

DIRECTION : MM. Ricardo PERRAN et Jacques LACOSTE
OUVERT TOUTE L'ANNÉE: *OPEN ALL YEAR*

Distances: ORLY, 15 km - BRUXELLES, 294 km - GENÈVE, 519 km - LYON, 471 km - BORDEAUX, 562 km - MARSEILLE, 797 km - TOULOUSE, 690 km.

1. Soulignez les mots que vous comprenez.
2. Essayez de comprendre (ou de deviner) le sens des phrases ou des expressions. Votre professeur vous aide.
3. Donnez le maximum de renseignements sur chaque hôtel.

Perfectionnez votre grammaire.

La négation :
« ne pas (plus)... de »
(51)

Je désire une chambre. Nous n'avons plus de chambre.
1/ Regardez.
Il a le livre.   — Il n'a pas (plus) le livre.
Il a un livre.   — Il n'a pas (plus) de livre.
Il a une auto. — Il n'a pas (plus) d'auto.

Transformez les phrases suivantes.
1. J'ai une chambre. 2. Ils ont un ascenseur. 3. Elle a une salle de bains. 4. Tu as une douche. 5. Elle a un secrétaire. 6. Nous avons un balcon.

Les pronoms :
genre et nombre
(21)

... la note de M. et Mme Defait. Ils sont avec nous.
2/ Regardez.
Jean et Paul sont secrétaires ? Oui, ils travaillent à Europa Tours.
Jean et Sylvie sont secrétaires ? Oui, ils travaillent à Europa Tours.
Sylvie et Louise sont secrétaires ? Oui, elles travaillent à Europa Tours.

1	2	3	4	5	6
Jean, Paul, Yves Sylvie, Louise, Christine Claude, Dominique	sont	pilotes garçons hôtesses secrétaires	Oui,	ils elles	travaillent

7
à l'aéroport/à Air France/au café/à la réception

Regardez les colonnes 3 et 7. Trouvez les mots qui vont ensemble.
Faites des questions et des réponses.

Les noms et les
pronoms : genre
et nombre
(8) (21)

Le réceptionnaire, la réceptionnaire.
3/ Pour chaque phrase, est-ce que ce sont : des hommes ? des femmes ? des hommes et des femmes ?
1. Les secrétaires sont là. Ils arrivent tout de suite. 2. Les touristes sont ici. Elles visitent le parc. 3. Les journalistes arrivent. Elles sont avec un collègue. 4. Les ingénieurs entrent dans le restaurant. Ils sont contents.

Le nom
complément d'objet
direct et indirect
(noms propres)
(6) (7)

La réceptionnaire donne une carte à la dame.
4/ *On vous demande :* « La réceptionnaire téléphone à Mme Dupont ? »
Vous répondez : « Non, elle ne téléphone pas à Mme Dupont, elle téléphone à Brigitte. »
Continuez.

La réceptionnaire	donne le message téléphone		Mme Dupont Brigitte M. Dartois M. et Mme Lefranc Isabelle et Catherine
. . . .	. . . .	à	
Le garçon	apporte le menu parle		

Cas professionnel.

C'est une chambre	pour une personne, avec cabinet de toilette
C'est une chambre	pour une/deux personne(s) à un grand lit/lits jumeaux à un seul lit/à deux lits avec | lit supplémentaire sans |
C'est une chambre	avec cabinet de toilette/salle de bains avec douche/W.C./salle de bains à l'étage sans douche/bain/W.C.

1 « Nous avons une chambre pour vous. »

Le client Je voudrais une chambre pour deux personnes.

Le réceptionnaire Deux personnes ? Oui, Monsieur, c'est possible.

Le client C'est une chambre avec cabinet de toilette ?

Le réceptionnaire Non, Monsieur. C'est une chambre avec un grand lit et salle de bains.

Le client A quel étage ?

Le réceptionnaire C'est la chambre 310, au troisième étage, Monsieur.

● Redites le dialogue. Le client demande :
1. une chambre pour deux personnes avec deux enfants
2. une chambre pour une personne
3. une chambre pour deux personnes avec lits jumeaux, etc.

2 « Nous n'avons plus la chambre que vous désirez. »

Le client Je voudrais une chambre pour une personne, avec salle de bains.

Le réceptionnaire Je regrette, Monsieur. Nous n'avons plus de chambre avec salle de bains. Mais il nous reste une chambre avec cabinet de toilette et W.C. à l'étage.

● Redites le dialogue. Le client demande/vous proposez :
1. une chambre à trois lits/une chambre à deux lits avec lit supplémentaire
2. une chambre à deux lits jumeaux/une chambre à un grand lit
3. une chambre avec douche/une chambre avec cabinet de toilette et salle de bains, W.C. à l'étage.

Situation 4 Avec un groupe de touristes francophones

Parlez-vous français ?

1 _____

Le guide	Voilà. La visite de la ville est terminée. Vous n'êtes pas trop fatigués ?
Un touriste	Si, un peu. Et surtout, nous commençons à avoir soif.
Le guide	Vous avez des cafés au bout de cette rue. Et des magasins.
Une touriste	Nous avons combien de temps ?
Le guide	Une bonne heure. L'autobus repart d'ici à 18 h 30.
Un touriste	Comment s'appelle cette place ?

☞ Redites le dialogue. Donnez des noms de magasins et de cafés.

2 _____

Un touriste	Je dois aller à la banque. C'est encore ouvert ?
Le guide	Non, Monsieur. Les banques ferment à 16 h 30. Elles sont ouvertes sans interruption de 9 h à 16 h 30.
Le touriste	Et les magasins ?
Le guide	Ils ferment à 19 h.
Une touriste	L'hôtel est loin ? On peut rentrer à pied ?
Le guide	Oui, à pied, il faut un quart d'heure.
Le touriste	Nous mangeons à quelle heure ?
Le guide	A 19 h 30, Monsieur.

☞ Redites le dialogue. Donnez les heures de votre pays.

3 _____

Un touriste	Ah! Monsieur. Ma femme cherche son sac, mais elle ne le trouve pas.
Le guide	Il n'est pas dans l'autobus ?
Le touriste	Je ne sais pas. J'espère qu'il n'est pas perdu, ou volé.
Le guide	Mais non, je suis sûr qu'il est dans l'autobus.
Le touriste	Nous avons tous nos chèques de voyage dedans.
Le guide	Ce n'est pas prudent. Je vous recommande de laisser vos chèques dans le coffre de l'hôtel. Venez, nous allons aider votre femme.

☞ Pour résumer. Complétez.
1. La visite de la ville est ... 2. Les touristes sont un peu ... 3. Ils ont ... 4. Heureusement, ils sont dans une rue où il y a beaucoup de ... et aussi beaucoup de ... 5. Un touriste cherche une ... 6. Mais les banques ... à 16 h 30 et il est ... h ... 7. Les ... ferment à 19 h. 8. Un autre touriste cherche un ... 9. C'est le ... de sa ... 10. Le guide et le touriste cherchent le sac dans ...

Avec un groupe de touristes francophones

27

Agir en français.

☐ COMMENT DIRE L'HEURE ?

Les heures de 1 à 24

nuit et matin :
0 h, 1 h, 2 h, 3 h, 4 h, 5 h, 6 h, 7 h, 8 h,
9 h, 10 h, 11 h, 12 h

après-midi et soir :
13 h, 14 h, 15 h, 16 h, 17 h, 18 h, 19 h,
20 h, 21 h, 22 h, 23 h, 24 h

Les minutes de 1 à 59

Quelle heure est-il ? Il est 6 h 03/10 h 15/13 h 30/16 h 42/20 h 57.

Attention !
Il est 12 h : il est midi.
Il est 24 h : il est minuit.
Il est 10 h 15 : il est 10 heures un quart.

Il est 8 h 30 : il est 8 heures et demie.
Il est 10 h 45 : il est 11 heures moins le quart.

☞ Répondez.
Tu viens à quelle heure ? — Je viens à 8 h 15/13 h 30/18 h 45/12 h/
10 h 10/17 h 20/21 h 30/23 h 40/6 h 50/14 h 25.
L'avion arrive à quelle heure ? — Il arrive à 22 h 18/15 h 30/
2 h 26/10 h 15/19 h 43/24 h 00/11 h 03/4 h 58/16 h 05.

☐ COMMENT RENSEIGNER SUR LES JOURS ET HEURES D'OUVERTURE ?

Le musée Le magasin	est	fermé(e)	le lundi/mardi/mercredi/jeudi/vendredi/ samedi/dimanche.
La boutique La banque		ouvert(e)	tous les jours sauf le . . . . de . . . . à . . . . heures.

☞ Dans votre ville, quel jour est-ce que
. le musée est fermé ?
. les magasins sont fermés ?
. la banque est fermée ?

☞ Dans votre ville, de quelle heure à quelle heure est-ce que
. le musée est ouvert ?
. les magasins sont ouverts ?
. la banque est ouverte ?

☐ COMMENT RENSEIGNER SUR LES MAGASINS ?

Il y a	un magasin de cuir, de chaussures, de vêtements une boutique d'articles folkloriques, d'artisanat	dans la rue... avenue... boulevard...

☞ **a.** Dans votre ville, où est-ce qu'il y a un magasin de cuir, un magasin de vêtements, une boutique d'articles folkloriques, un magasin de chaussures, une boutique d'artisanat ?
b. Répondez à un touriste français qui demande : « Pardon, Monsieur (Madame, Mademoiselle), je cherche un magasin de... »

Communiquer en français.

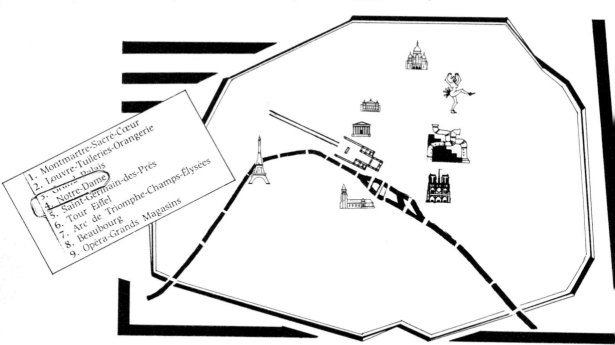

1. Montmartre-Sacré-Cœur
2. Louvre-Tuileries-Orangerie
3. Grand Palais
4. Notre-Dame
5. Saint-Germain-des-Prés
6. Tour Eiffel
7. Arc de Triomphe-Champs-Élysées
8. Beaubourg
9. Opéra-Grands Magasins

☞ Retrouvez, pour chaque dessin, le numéro qui correspond.

Un guide remet à des touristes étrangers le programme suivant pour un séjour de quatre jours à Paris.

11 mai   *Soirée :* Arrivée à l'hôtel
12 mai   *Matin :* 9 h-11 h 30 : visite guidée de Paris en autocar
   Déjeuner : Libre
   Après-midi : 15 h-17 h 30 : visite de Montmartre et du Sacré-Cœur
   Soirée : Repas d'accueil à l'hôtel, avec dîner dansant
13 mai   *Matin et* Journée de culture artistique : le Louvre, le jardin des Tuileries
   après-midi : le musée de l'Orangerie, le Grand Palais
   Déjeuner : En commun : Brasserie des Boulevards, 90, place de la Madeleine
   Soirée : Libre ; en supplément : un spectacle aux Folies-Bergères, ou match de
   coupe de football France/Allemagne au Parc des Princes
14 mai   *Matin :* Notre-Dame, le Quartier Latin, Saint-Germain-des-Prés
   Déjeuner : Libre
   Après-midi : La tour Eiffel, l'Arc de Triomphe et les Champs-Élysées
   Soirée : Promenade en bateau-mouche ; dîner à bord
15 mai   *Matin :* Le Centre Beaubourg (Centre Culturel G. Pompidou)
   Déjeuner : Au restaurant du Centre
   Après-midi : Quartier de l'Opéra et des Grands Magasins
   19 h : Départ de l'hôtel pour l'aéroport

☞ Faites des programmes de visites pour 3 jours, 5 jours, une semaine, dans votre ville et votre région. Vous dites aux touristes ce qui est dans le programme.

Documents.

Boutiques aéroports de Paris

*S*ur les aéroports d'Orly et Charles de Gaulle, les boutiques hors douane et sous douane sont ouvertes tous les jours même le dimanche de 7 h à 21 h 30*. Et pour rendre vos voyages plus faciles, vous y trouverez également des banques, des assurances, des loueurs de voitures, des salons de coiffure, des pharmacies, des agences de tourisme, des restaurants et des hôtels.

-MIC Paris - tél. 547.40.20 - dépôt légal 83-003   *Horaires les plus fréquemment appliqués.

Boutiques exclusives Cerruti 1881 Ligne pour Femme.
15, place de la Madeleine, Paris 8° / 39, avenue Victor-Hugo, Paris 16° / 42, rue de Grenelle, P
12 bis, boulevard Wilson, Antibes / 5, rue Paradis, Nice
9, rue Lapeyrouse, Toulouse

CERRUTI 1881
LIGNE POUR FEMME
PARIS

la rectangulaire **259F** bracelet métal laqué

la ronde **199F** bracelet plastique

METTEZ VOTRE «LOOK» A L'HEURE !

Du tonus dans les couleurs, une allure très chic et un choix à couper le souffle pour une montre à élire selon son look ou son humeur... Côté technique : des aiguilles sur mouvement quartz. Côté plongeon : étanchéité assurée jusqu'à −25 mètres. A vous de choisir : la ronde ou la rectangulaire la taille femme ou la taille homme : une rouge, une noire, une bleue... Elles sont toutes garanties un an et le S.A.V. est assuré. Dimensions. **La ronde** : pour homme Ø 3 cm, pour femme Ø 2 cm. La **rectangulaire** : pour homme 3 × 2,5 cm, pour femme 2,3 × 2 cm.

1. Soulignez les mots que vous comprenez.
2. Essayez de comprendre (ou de deviner) le sens des expressions ou des phrases. Votre professeur vous aide.

Perfectionnez votre grammaire.

Le présent des verbes en -er (34)

Ils ferment à 19 heures.

1/ Donnez le présent (écrit et oral) de : fermer - aider - continuer - donner - étudier - habiter.

Groupe nominal + verbe (+ groupe nominal) (1)

Ma femme cherche son sac.

2/ Faites autant de phrases que possible.

1	2	3
un garçon	apporte	Gérard
le chien	achète	une pierre
Josiane	lance	le monsieur
le chat	appelle	le journal
la réceptionnaire	mange	un oiseau
		un gâteau

Avec quels verbes est-ce qu'on peut supprimer les mots de la colonne 3 ?
Est-ce qu'on peut supprimer les mots de la colonne 1 ?

Le présent des verbes en -ger et -cer (34)

Nous mangeons à quelle heure ? Nous commençons à avoir soif.

3/ Complétez.

changer : nous *changeons*	*commencer :* nous............
manger : nous................	*effacer :* nous................
obliger : nous	*forcer :* nous ....
partager : nous	*lancer :* nous ....
ranger : nous	*placer :* nous ....

Qu'est-ce que vous remarquez ? Donnez les autres formes : je, tu...

Le présent, moment présent (42)

Ma femme cherche son sac.

4/ *On vous demande :* « Que fait monsieur Lebrun ? Il mange ? »
Vous répondez : « Oui, il est en train de manger. »

1. Que fait le garçon ? Il range ? 2. Que font les clients ? Ils déjeunent ?
3. Que font les touristes ? Ils visitent la ville ? 4. Que font M. et Mme Duverger ? Ils font des achats ? 5. Que fait le guide ? Il cherche un dépliant ? 6. Que font les élèves ? Ils travaillent ?

Le présent des verbes « appeler », « jeter », « acheter », « peser », « amener » (34)

Comment s'appelle cette place ?

5/ Donnez les formes d'« appeler », « jeter », « acheter » et « amener ».
Comparez avec les formes de « fermer ».

appeler	jeter	fermer	acheter	amener
j'.........	je	je	j'.........	j'.........
tu	tu	tu	tu	tu ....
il/elle	il/elle	il/elle	il/elle	il/elle .....
ils/elles.....	ils/elles.....	ils/elles.....	ils/elles.....	ils/elles.....

Le présent,
habitude

Les banques ferment à 16 h 30.

6/ *On vous demande :* « Que fait un guide ? »
Vous répondez : « Il aide les touristes. »
Trouvez les éléments qui vont ensemble. Faites des questions et des réponses.

1	2	3
une secrétaire	transporter	les touristes
un porteur	donner	des voyages
un directeur	faire	des bagages
un touriste	aider	des ordres
une hôtesse	renseigner	son patron

Cas professionnel.

Voici quelques magasins de Fontainebleau :

1. *Maroquinerie,*
   articles de cuir :
   Au Tanneur, 12,
   rue de l'Arbre-Sec
2. *Parfumerie,*
   articles de beauté :
   Au brûle-parfums,
   36, rue Royale
3. *Mode (vêtements*
   de femmes) :
   Paul et Virginie, 28,
   rue du Dr Matry
4. *Vêtements pour*
   hommes :
   Au Dandy, 44,
   boulevard
   A. Maginot
5. *Transistors, radio,*
   disques, magné-
   tophones :
   Établissements
   Malaval, 12, rue
   de France
6. *Chocolats,*
   confiserie :
   Chez Rochette,
   12, rue Béranger
7. *Photos, cinéma :*
   La pellicule, 13,
   rue Saint-Merry
8. *Pharmacie :*
   La croix verte, 1,
   rue Aristide Briand

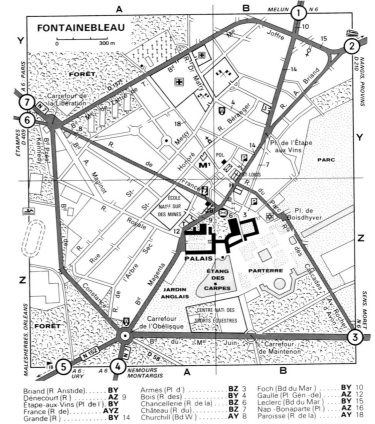

Briand (R. Aristide)	**BY**	Armes (Pl. d')	**BZ** 3	Foch (Bd du Mar.)	**BY** 10
Dénecourt (R.)	**AZ** 9	Bois (R. des)	**BY** 4	Gaulle (Pl. Gén.-de)	**AZ** 12
Étape-aux-Vins (Pl. de l')	**BY**	Chancellerie (R. de la)	**BZ** 6	Leclerc (Bd du Mar.)	**BY** 15
France (R. de)	**AYZ**	Château (R. du)	**BZ** 7	Nap.-Bonaparte (Pl.)	**AZ** 16
Grande (R.)	**BY** 14	Churchill (Bd W.)	**AY** 8	Paroisse (R. de la)	**AY** 18

● Vous sortez de la visite du château et vous êtes sur la place de Boisdhyver. Des touristes veulent acheter : un sac, des chemises d'homme, un rasoir électrique... Vous donnez les adresses et vous indiquez le chemin.

● Imaginez la même situation dans votre ville. Vous terminez la visite de la ville avec un groupe de touristes francophones. Dites où vous êtes. Des touristes veulent faire des achats. Indiquez les magasins et dites quel chemin il faut prendre.

Parlez-vous français ?

1

Un touriste	Pardon, Mademoiselle, vous parlez français ?
L'employée	Un peu. C'est à quel sujet ?
Le touriste	C'est pour la confirmation de mon billet d'avion.
L'employée	Vous allez où ?
Le touriste	Bruxelles. Vol SN 314, mardi prochain.
L'employée	Vous n'avez pas besoin de confirmer, Monsieur.
Le touriste	Ah bon ? On ne confirme plus ?
L'employée	Si, Monsieur, mais pas pour les vols sur l'Europe.

☞ Redites le dialogue. Changez.

— la destination et le numéro de vol : Genève, vol SR 124 - Marseille, vol AZ 315 - Nice, vol OA 217 - Bordeaux, vol IB 112
— le jour de la semaine : lundi, mercredi, jeudi, vendredi, samedi, dimanche.

Si le client doit confirmer, au lieu de « Non, Monsieur... », dites « Je peux voir votre billet, s'il vous plaît ? »

2

Une touriste	Vous avez les horaires de train pour Paris ?
L'employé	Certainement, Madame. Le matin ?
La touriste	Oui, s'il vous plaît.
L'employé	Paris... le matin... départ 7 h 48, arrivée 13 h 02.
La touriste	Il n'y a rien plus tard ?
L'employé	Si, mais l'après-midi ; départ 12 h 51, arrivée 18 h 33.

☞ **a.** Trouvez les horaires de train et/ou d'avion de votre pays à Paris, Bruxelles, Genève. Faites un tableau (heures de départ, d'arrivée, numéro de vol, destination...).

b. Quelles possibilités y a-t-il pour aller de votre ville à Paris ?
1. Le train : oui/non - l'avion : oui/non
2. De quelle ville de votre pays part le train ? l'avion ?
3. Combien de temps dure le voyage de votre ville à Paris ?
4. Combien coûte le voyage (en train/en avion) de votre ville à Paris ?
... dans la monnaie de votre pays ?
... en francs français ?
... en francs suisses ?
... en francs belges ?
... en dollars canadiens ?

Et pour aller de votre ville à Genève et à Bruxelles ?

Agir en français.

☐ COMMENT PRÉSENTER UN PROGRAMME D'EXCURSIONS ?

Un touriste   Qu'est-ce qu'il y a à voir dans votre région ?

L'employé   Qu'est-ce que vous connaissez ? Vous êtes ici depuis longtemps ?

Le touriste   Je suis ici depuis le 12, depuis deux jours seulement.

L'employé   Vous connaissez la ville ?

Le touriste   Je la connais un peu, mais je suis intéressé par les environs.

L'employé   Nous avons beaucoup d'excursions. Voici notre programme. Voulez-vous que je vous le présente ?

Le touriste   Oui, s'il vous plaît.

  ☞   A quelle date est-ce que le touriste vient à l'agence de voyages ? Redites le dialogue : nous sommes le 24, le 8, le 2 (février, mars, mai).

Voici le programme présenté par l'employé.

	But de l'excursion	Durée	Jours	Prix	Départ
Montagne	Lac du Bourget	3 h	lundi, jeudi	195 F	14 h
	Château de la Garde	2 h	lundi, mardi	170 F	14 h
	Grottes de Lascaux	4 h	jeudi, samedi	266 F	13 h
	Gorges du Verdon	5 h	mercredi, samedi, dimanche	281 F	12 h
	Parc national (Vanoise)	6 h	mercredi, vendredi, dimanche	299 F	12 h
Mer	Visite du port	1 h 30	jeudi, samedi	83 F	15 h
	La vieille ville	2 h	lundi, mercredi	98 F	14 h 30
	Les îles	5 h	vendredi, samedi, dimanche	277 F	13 h
	Monastère roman	2 h 30	mardi, vendredi	171 F	14 h

Le touriste   Ah ! il y a un lac dans cette région.

L'employé   Oui, Monsieur. La durée de l'excursion est de trois heures, départ à 14 h, ici, devant l'agence.

Le touriste   Mais l'excursion n'a pas lieu tous les jours ?

L'employé   Non, Monsieur, le lundi et le jeudi seulement. Le prix est de 195 francs.

Le touriste   Il y a un guide pour cette visite ?

L'employé   Oui, Monsieur. Il explique tout.

  ☞   Quelle est la durée des autres excursions ? A quelle heure commencent les autres excursions ? Combien coûtent les autres excursions ?

  ☞   Le touriste s'intéresse à trois autres excursions. Redites le dialogue en changeant le but, le jour, etc.

Communiquer en français.

Voici comment sont disposées, en France, les différentes parties d'une lettre. Comparez avec les normes utilisées dans votre pays.

en-tête	vedette		signature
	date		
références		corps de la lettre	
objet			
pièces jointes			
	appel		

Belga Tours
Place Louise, 4-1050 Bruxelles
Tous voyages : individuels et groupes
Tél. : (02) 512 19 42 — Télex : BELGAT 312 47 B

Vos réf. : T.S./R.C. 97
Nos réf. : V.P./A.L. 198
Objet : documentation
P.J.-Ann. : dépliant

Voyages du Mont Blanc
17, quai du Mont Blanc
0100 Genève
22 mai 19..

Messieurs,

Nous accusons réception de votre lettre du 16 mai dont nous vous remercions. Nous sommes en train de rassembler la documentation demandée. Nous l'envoyons par colis dès que possible.

Nous joignons à cette lettre notre dépliant général.

Nous vous prions d'agréer, Messieurs, l'expression de nos sentiments dévoués.

Le directeur commercial

Documents.

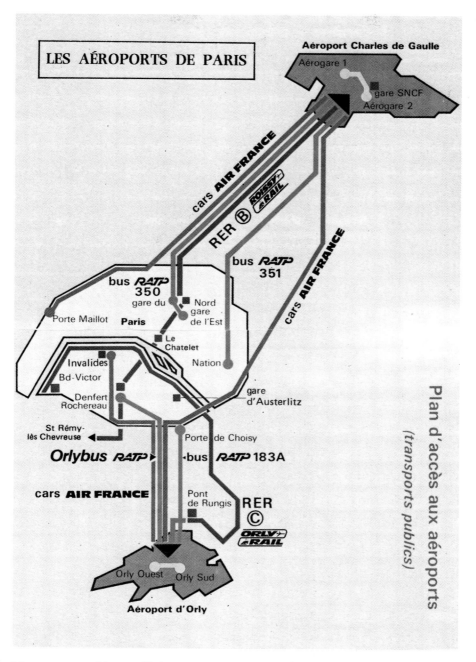

1. Combien est-ce qu'il y a d'aéroports à Paris ? Quel sont leurs noms ? Combien est-ce qu'il y a d'aérogares ?
2. Combien y a-t-il de bus R.A.T.P. pour Orly ? pour Charles-de-Gaulle ? lesquels ? d'où est-ce qu'ils partent ?
3. D'où partent les cars Air France pour Charles-de-Gaulle ? pour Orly ?
4. Comment aller en train à l'aéroport Charles-de-Gaulle ? à l'aéroport d'Orly ?

Perfectionnez votre grammaire.

Le pluriel des verbes en -er (34)

Il explique tout/ils expliquent tout.

1/ Complétez le tableau puis lisez-le.

	remercier	*écouter*	*imaginer*	*placer*	*obliger*	*ranger*	*utiliser*	*habiter*
il								
elle								
on								
ils								
elles								

2/ Singulier ? pluriel ? ou on ne sait pas ?
Écoutez et mettez une croix.

	1	2	3	4	5	6	7	8	9	10	11	12
S												
P												
?												

Le présent des verbes en -yer (34)

Nous l'envoyons.

3/ Complétez le tableau avec les formes du présent de :

	essayer	*payer*	*envoyer*	*employer*		*acheter*	*appeler*
je					comparez avec		
tu							
il/elle							
ils/elles							
nous							
vous							

Le présent, moment passé (42)

Vous êtes ici depuis longtemps ? Je suis ici depuis le 12, depuis deux jours seulement.

4/ Avec les expressions suivantes, faites des questions et des réponses.
Ex. : 6 semaines — elle est là
→ Elle est là depuis longtemps ? Elle est là depuis 6 semaines.

1. 2 ans - j'étudie le français.
2. 4 jours - le touriste est ici.
3. 3 heures - le guide discute.
4. 20 minutes - le client attend.
5. 4 mois - l'agence est ouverte.

Les pronoms personnels compléments directs : place et formes

Vous voulez que je le présente ?/Je la connais un peu.

5/ *On vous demande :* « Tu présentes le dépliant ? »
Vous répondez : « Non, je ne le présente pas. »

1. Tu ne confirmes pas le billet ? 2. Tu fais l'excursion ? 3. Tu connais la ville ? 4. Tu ne demandes pas le prix ? 5. Tu ne fermes pas le sac ? 6. Tu cherches le dépliant ?

Refaites l'exercice. Mettez les noms au pluriel.

6/ *On vous demande :* « Tu n'essaies pas la machine ? »
Vous répondez : « Si, je l'essaie tout de suite. »

1. La secrétaire n'envoie pas la lettre ? Si, elle... 2. Vous n'envoyez pas le télex ? Si, nous... 3. Le guide ne paie pas le billet ? Si, il... 4. Vous ne payez pas la chambre ? Si, nous... 5. Tu n'envoies pas le dépliant ? Si, je... 6. Vous n'envoyez pas la réservation ? Si, nous...

Refaites l'exercice. Mettez les noms au pluriel.

Cas professionnel.

Vous êtes employé(e) dans une agence de voyages.

1 Vous rédigez un document.

- **a.** Faites une liste des excursions possibles dans votre région.
- **b.** Donnez les jours, les durées, les heures de départ, les prix et le moyen de transport (en autobus/en bateau/à pied...) pour toutes ces excursions.

2 Vous répondez à un client par lettre.

- **a.** Vous accusez réception de la lettre de l'agence « Le soleil », datant du 30 janvier 19... (Regardez la lettre page 34). Adresse : agence de voyages « Le soleil », 14, rue des Victoires, 03200 Vichy.
- **b.** Vous joignez à votre lettre une documentation complète sur les excursions de votre région.

3 Vous donnez des renseignements à un client.

- Vous êtes dans votre agence. Un client arrive. Vous expliquez les excursions.
  Le client vous demande : « Pardon, Mademoiselle, j'aimerais visiter .... »
  Vous répondez : « Très bien, Monsieur. Il y a une excursion..................... »
  (Pour vous aider, regardez le dialogue page 33.)

Situation 6 Dans un bureau de tourisme

Parlez-vous français ?

1

Touriste 1	Nous arrivons dans la ville et nous voulons rester quelques jours. Vous avez un dépliant ?
L'employée	Bien sûr, Madame. Plusieurs même. Nous avons le dépliant sur les hôtels, restaurants, campings, le dépliant sur la ville, avec un plan et les choses à voir, le dépliant sur les environs avec les excursions. Vous les voulez tous ?
Touriste 2	S'il vous plaît. Pour les hôtels, il y a les prix ?
L'employée	Oui, Monsieur. Pour les excursions également.

☞ Combien est-ce qu'il y a de personnes ? Qui sont ces personnes ? Combien est-ce qu'il y a de dépliants ? Que décrivent-ils ?

☞ Redites le dialogue. L'employé est un monsieur, les touristes sont deux dames.

2

Un touriste	Voilà, je suis à l'hôtel, c'est bien, c'est confortable mais je suis trop seul. Est-ce qu'il y a des possibilités de logement chez l'habitant ?
L'employé	Vous restez combien de temps ?
Le touriste	Encore dix à douze jours, au moins.
L'employé	En général, la pension se fait à la semaine complète. Vous pouvez attendre un instant ? Je demande à une collègue.

☞ Le touriste est-il un homme ou une femme ? Pourquoi est-ce que la personne ne veut pas rester à l'hôtel ? Combien de temps est-ce qu'elle reste encore ? Qu'est-ce qu'elle veut ? Est-ce que l'employé peut répondre ?

3 *Au téléphone*

L'employé	Office du tourisme, bonjour.
Une touriste	....
L'employé	Certainement, Madame. Nous avons une documentation complète avec trois sortes de dépliants.
	....
L'employé	Bien sûr, Madame. Nous les envoyons à quel nom ?
	....
L'employé	Madame Barrot. B comme Berthe ?
	....
L'employé	Pardon. P comme Pierre, A, deux R, O, T. Votre adresse ?
	....
L'employé	96, 2 fois 8 ?
	....
L'employé	Pardon ; 93, sept et six, avenue Charles-de-Gaulle, 30000 Nîmes. Nous les envoyons aujourd'hui.

☞ Complétez puis dites le dialogue.

Agir en français.

☐ COMMENT DONNER DES EXPLICATIONS ?

Dans un office de tourisme, avec des clients français.

Un client L'excursion d'aujourd'hui me paraît intéressante.

Vous En effet, Monsieur, elle est très intéressante. Vous visitez au moins quatre villages typiques de la région.

Une cliente Les magasins de la rue Saint-Jacques me paraissent intéressants.

Vous En effet, Madame, ils sont très intéressants. Il y a beaucoup de produits typiques de notre région.

☞ Continuez le dialogue.

. la place du Tribunal . le quartier de l'Opéra . les dépliants de votre office du tourisme . le musée	intéressant(e/s)	. beaucoup de magasins de vêtements . beaucoup de magasins de luxe . beaucoup de renseignements sur la région . tout le folklore de la région

Des clients Le musée de votre ville ne semble pas très important.

Vous Si, au contraire, il est très important. Il y a beaucoup de tableaux de la Renaissance.

☞ Continuez le dialogue.

. votre ville . votre galerie d'art . votre terrain de camping . votre théâtre	important(e)	. beaucoup d'expositions . beaucoup d'industries . 600 places au total . beaucoup de soirées de qualité

☐ COMMENT ÉPELER AU TÉLÉPHONE ?

Voici les conseils donnés par les Postes et Télécommunications (P.T.T.) françaises.
Pour bien se comprendre, afin d'éviter les confusions, les noms s'épellent :

A ... Anatole	G ... Gaston	N ... Nicolas	U ... Ursule
B ... Berthe	H ... Henri	O ... Oscar	V ... Victor
C. ... Célestin	I .... Irma	P. ... Pierre	W ... William
D ... Désiré	J .... Joseph	Q ... Quintal	X ... Xavier
E. ... Eugène	K ... Kléber	R ... Raoul	Y ... Yvonne
É. ... Émile	L .... Louis	S. ... Suzanne	Z. ... Zoé
F. ... François	M ... Marcel	T. ... Thérèse	

☞ Épelez votre nom, votre prénom, votre adresse en utilisant le code ci-dessus.

Communiquer en français.

Lettre

Expéditeur :	Voyage-Express, 48, rue de Genève, Bâle, Suisse.
Date :	18 mars 19...
Destinataire :	Une agence de voyages de votre pays *(Donnez le nom et l'adresse.)*
Références :	*du destinataire :* aucune *de l'expéditeur :* R.B./D.C. N° 288
Objet :	Demande de renseignements
Pièces jointes :	Néant
Appel :	Messieurs,
Corps de la lettre :	Nous avons l'intention d'organiser un voyage de groupe dans votre région du 12 au 17 juin prochain (arrivée le 12 au soir, départ le 17 au matin). Nous demandons des propositions de programmes pour ces trois journées, pour des groupes de 20, 30 et 40 personnes. Nous souhaitons une réponse rapide et vous prions d'agréer, Messieurs, l'expression de nos sentiments distingués.
Signature :	Le directeur, Robert Buvat

Réponse

Date :	21 mars 19...
Références :	*du destinataire :* .... *de l'expéditeur :* ....
Objet :	Proposition de programmes
Pièces jointes :	Dépliants
Appel :	Monsieur le Directeur,
Corps de la lettre :	Nous accusons réception de votre lettre du 18 mars 19... demandant des programmes pour un séjour de groupe du 12 au 17 juin prochain. Nous envoyons ci-joint nos programmes habituels. Les prix correspondent à un groupe de 20 personnes ; nous offrons une réduction de 2 % pour un groupe de 30 et plus, de 5 % pour un groupe de 40 et plus. Nous sommes à votre disposition pour étudier d'autres programmes et vous prions d'agréer, Monsieur le Directeur, l'expression de nos sentiments dévoués.
Signature :	*(Vous trouvez la fonction et le nom.)*...

☞ Mettez ces deux lettres en page (voir p. 34).

LES AVENTURES DE FRANCOFIL

Documents.

Perfectionnez votre grammaire.

verbe + « à »
(7)

Je demande à une collègue.

1/ Regardez les deux tableaux. Quels éléments de 1 vont avec les éléments de 2, de 2 avec ceux de 3 et 4 ? Pourquoi ? Avec quels verbes est-ce qu'on peut supprimer 3 et 4 ? Faites autant de phrases que possible.

1 Il L'employé(e) Le chat Elle	2 répond/parle pense ressemble téléphone	3 à	4 un éléphant une cliente un ami un avion

1 Le guide Elle Il La secrétaire	2 parle répond téléphone pense écrit	3 au à la à l' aux	4 touristes cliente restaurant « Chez René » service accueil hôtel Hilton client(e)s

Le pronom
personnel objet
direct
(23)

Vous les voulez tous ?

2/ Vous donnez un document à un touriste. Le touriste dit : « Je le garde. (*ou*) Je l'emporte. »

Vous donnez au touriste :
1. des documents 2. une carte d'hôtel 3. des adresses 4. une lettre 5. un plan de la ville 6. une réservation 7. des dépliants.

Qu'est-ce que le touriste dit ?

L'article défini,
l'article indéfini
(14)

Vous avez un dépliant ? — Nous avons le dépliant des hôtels.

3/ Analysez la différence :
« Préparez un billet. »/« Préparez le billet pour M. Duval. »
Continuez.

1. Voilà une cliente./Voilà la cliente. 2. Prenez le dépliant./Prenez un dépliant. 3. Vous cherchez un hôtel ?/Vous cherchez l'hôtel ? 4. Vous voulez un dessert ?/Vous voulez le dessert ? 5. Un train arrive./Le train arrive.

« le », « la »,
« un », « une »
+ noms de choses
(10) (11)

Nous avons le dépliant sur les hôtels.

4/ *On vous demande :* « Vous cherchez un restaurant ? »
Vous répondez : « Oui, je cherche le restaurant de la gare. »
Continuez.

1. Vous désirez une chambre ? 2. Vous prenez un menu ? 3. Vous voulez un dépliant ? 4. Vous cherchez un numéro de téléphone ? 5. Vous emportez un document ? 6. Vous attendez un train ?

Éléments de réponse : sur l'Espagne/ à 50 francs/ de 19 h 50/ sur la France/de l'agence/numéro 108

« le », « la »,
« un », « une »
+ noms
de personnes
et d'animaux
(10) (11)

Je demande à une collègue.

5/ Trouvez les articles et les noms qui vont ensemble.

articles	noms		
un une le la	dame, chanteuse chienne, vache monsieur, chien chanteur, taureau	touriste, journaliste camarade, collègue réceptionnaire propriétaire	professeur médecin ingénieur

Cas professionnel.

Vous êtes employé(e) dans un syndicat d'initiative de votre ville.
Vous avez les possibilités de logement suivantes :

Hôtels		Petit déjeuner		Prix pour 1 nuit		
catégories	nombre	compris	non compris	1 personne	2 personnes	par enfant en plus
★★★★ luxe	1	×		850 F	1 050 F	150 F
★★★	2	×		400 F	520 F	110 F
★★	5	×		260 F	360 F	80 F
★	1		×	120 F	180 F	50 F

Chambre chez l'habitant : 100 F la nuit par personne (adulte ou enfant), sans petit déjeuner.

Auberge de jeunesse : 60 F la nuit par personne (les enfants ne sont pas acceptés).

Deux terrains de camping ★★★ : 70 F la nuit pour une tente.

Vous voyez arriver des touristes francophones :

— une famille avec quatre enfants
— un jeune couple sans enfant
— une dame âgée très riche
— un couple avec un enfant
— un P.D.G. célibataire

— des grands-parents et leurs trois petits-enfants
— trois étudiants
— deux secrétaires de 35 à 40 ans

La famille avec quatre enfants vous demande : « Qu'est-ce que vous nous conseillez ? »
Vous répondez : « Je vous conseille un hôtel ★★ ou un hôtel ★★★. Pour 6 personnes, le prix est de ... F par jour, petit déjeuner compris. »

● Continuez pour les autres touristes.

Parlez-vous français ?

1

Le client	Vous pouvez changer des francs ?
L'employé	Bien sûr, Monsieur. Français ? Suisses ? Belges ?
Le client	Français.
L'employé	Combien voulez-vous changer ?
Le client	1 500 francs. Quel est le taux aujourd'hui ?
L'employé	Je vais voir, Monsieur. Un instant, je vous prie.

☞ Redites le dialogue. Le client veut changer :
200, 100, 250, 300, 500 francs suisses ; 5 500, 2 800, 7 000, 8 400,
14 000 francs belges ; 800, 400, 1 000, 1 200, 2 000 francs français.
Cherchez le taux de change : monnaie de votre pays/francs français,
suisses, belges.

☞ Continuez le dialogue.
« Voilà. Le taux est de ... pour 100 francs.
— Alors, ça fait combien ?
— Eh bien, ... multiplié par ... ça fait... »

2

La cliente	Excusez-moi, pour changer ces chèques de voyage, s'il vous plaît ?
Un employé	Oui, Madame. Voulez-vous demander à l'employé là-bas, ou au caissier ?
La cliente	Les chèques de voyage, c'est ici ?
L'employé	Oui, Madame, c'est ici. Pardon... Merci. Pouvez-vous signer ici ?
La cliente	Voilà. Ça fait combien en tout ?
L'employé	Je vais voir, Madame. Je peux vous demander une pièce d'identité ?
La cliente	C'est nécessaire ?
L'employé	Oui, Madame. Je suis désolé mais nous devons marquer le numéro de la carte d'identité ou du passeport.

☞ La dame veut changer : 20, 50, 100 dollars américains ; 60, 150,
300 marks allemands ; 250, 500, 1 000 francs français. Regardez le
taux de change en monnaie de votre pays et répondez à la
question : « Ça fait combien en tout ? »

☞ Pour résumer.
a. Complétez.
1. Deux clients, un ... et une ... entrent dans une banque. 2. Le
monsieur vient pour changer des ... 3. La dame vient pour changer
... 4. L'employé demande ... à la dame. 5. C'est nécessaire parce
que l'employé doit marquer ...

b. Racontez les deux scènes. Combien y a-t-il de personnes ?
Pourquoi est-ce qu'elles sont à la banque ? Qu'est-ce qu'elles
font ?

Agir en français.

☐ COMMENT DEMANDER ET RÉPONDRE POLIMENT ?

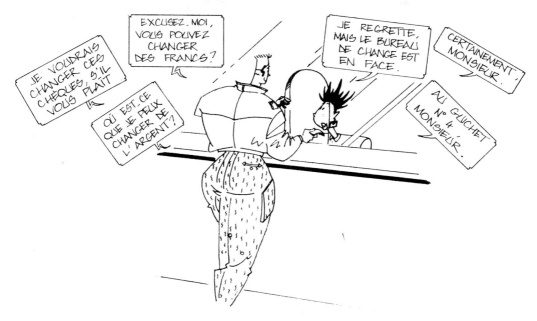

☞ Un client/une cliente francophone demande :

a. au garçon
de réserver une table pour 4 personnes/d'appeler la propriétaire /
d'avoir la carte/le plat du jour

b. à la réceptionnaire
d'appeler un taxi/de préparer la note pour 10 heures/un dépliant
de l'hôtel

c. à l'employé de la banque
de tirer un chèque/de changer des billets français/de changer des
pièces françaises

Vous répondez soit « oui », soit « non » et vous donnez une raison.
Cherchez les raisons ensemble. Faites l'exercice par écrit, puis
oralement.

☞ L'employé(e) de la banque demande au client/à la cliente :

d'établir un chèque en... *(monnaie nationale)*/d'attendre un ins-
tant/d'aller à la caisse/de présenter son passeport/de signer ses
chèques de voyage/de remplir le formulaire.

Qu'est-ce que l'employé dit ? Imaginez les réponses des clients.

☞ On vous demande :

Tu peux venir ?/Tu peux aller à la caisse ?/Tu peux attendre un
instant ?/Le client peut tirer un chèque ?/La réceptionnaire peut
réserver une chambre ?

a. Répondez par oui puis par non.

b. Répondez par non et donnez une raison (« Non, je ne peux
pas venir ; je suis malade/je suis en retard/je n'ai pas de voiture... »).

Communiquer en français.

```
CREMUT 142620 F
192 1408
115 640 ZKBVE A

MONSIEUR RADIER COMPTE CREDIT MUTUEL N.130642 DEMANDE
TIRER CHEQUE VALEUR 10 000F CAUSE ACCIDENT.POUVEZ-VOUS
OFFRIR GARANTIE? URGENT. SALUTATIONS
RAIFFEISENLANDESBANK, WIEN

CREMUT 142620 F
115 640 ZKBVE A
```

```
115 640 F ZKBVE A
192 1547
CREMUT 142620 F
OFFRONS GARANTIE POUR M.RADIER,COMPTE 130642 JUSQU'A
15 000F. DONNEZ VALEUR CHEQUE TIRE.SALUTATIONS
CREDIT MUTUEL
115 640 F ZKBVE A
CREMUT 142620 F
```

☞ Regardez les télex.

— Qui est le destinataire ?
  Télex 1 : ... Télex 2 :...
— Qui est l'expéditeur ?
  Télex 1 : ... Télex 2 :...
— Écrivez le numéro du destinataire.
  Télex 1 : ... Télex 2 :...
— Quel télex vient de France ?
— Écrivez le numéro de l'expéditeur.
  Télex 1 : ... Télex 2 :...
— CREMUT 142620 F
  Que signifie la lettre F ?
— 115 640 ZKBVE A
  Que signifie la lettre A ?
— Quelle est la date d'envoi ?
— Quelle est l'heure d'envoi ?
  Télex 1 : ... Télex 2 :...
(Regardez aussi p. 22.)

☞ Le 12 juillet à 9 h 14, la Raiffeisenlandesbank envoie un télex pour
  dire que M. Radier a tiré un chèque d'une valeur de 12 789,50 F
  et qu'elle envoie les pièces nécessaires au transfert d'argent.
  Le même jour, le Crédit Mutuel accuse réception à 11 h 08, dit
  qu'il bloque l'argent sur le compte et attend les pièces pour
  effectuer le transfert.
  Rédigez les deux télex.

Documents.

LES BILLETS DE BANQUE FRANÇAIS

Ils ont trois caractéristiques : le nombre de francs, la personne représentée, la couleur.

Donnez la valeur de chaque billet dans la monnaie de votre pays.

LES EUROCHÈQUES

NOM DE L'ÉTABLISSEMENT DE CRÉDIT

1. Renseignez-vous dans une banque.
— Est-ce qu'on accepte les eurochèques ?
— Est-ce qu'on doit inscrire la somme en francs ou en monnaie du pays ?
— Quelle est la somme maximum par eurochèque ?
— Quels renseignements le client français doit-il fournir (pièces d'identité, adresse dans le pays, etc.) ?

2. Écrivez deux notices pour les clients francophones de votre banque.

| Notre banque accepte les eurochèques. Vous devez................................ .... La somme maximum......................... | Nous sommes désolés. .... |

48

Perfectionnez votre grammaire.

Le présent des verbes en -ir (34)

Quels renseignements le client doit-il fournir ?

1/ *Vous entendez :* « Je finis d'abord, tu finis après. » *Puis :* « choisir » *Et vous dites :* « Je choisis d'abord, tu choisis après. »

1. Jean finit toujours après nous. (choisir)
2. Je finis d'abord, vous finissez après. (réfléchir)
3. Nous finissons ou vous finissez d'abord ? (sortir)
4. Jean et Sylvie finissent toujours avant nous. (partir)

2/ Écrivez le présent de : fournir - réussir - remplir - dormir.

Le présent, moment passé (42)

Il y a dix minutes que j'attends.

3/ Regardez : « Je suis ici depuis dix minutes./Il y a dix minutes que je suis ici. »

1. Je suis à Paris depuis une semaine. 2. Je travaille à la banque depuis six mois. 3. J'attends des nouvelles depuis trois jours. 4. Je téléphone depuis vingt minutes. 5. Je ne viens plus depuis quatre ans. Transformez ces phrases suivant le modèle puis remplacez « il y a » par « ça fait ». *Ex. :* « Ça fait dix minutes que je suis ici. »

Le genre : singulier et pluriel (2)

... le numéro de la carte, du passeport... la réponse des clients.

4/ Mettez au masculin puis au pluriel.

1. C'est le travail de la serveuse. 2. Allez chercher les papiers de la dame. 3. Demandez à l'employée, s'il vous plaît. 4. Demandez à la réceptionnaire. 5. C'est la lettre de la propriétaire. 6. Où est la réservation de la cliente ?

L'expression du lieu : « à » et « de » (52)

... aller à la caisse. Quel télex vient de France ?

5/ a. Faites toutes les questions et les réponses possibles.

X → □ (1)	X (2)	□ X → (3)			réponse
Vous allez où ? Vous courez où ? Vous vous rendez où ?					hôtel maison
	Ils sont où ? Ils travaillent où ? Ils attendent où ?		à de	la l'	piscine banque
		Vous sortez d'où ? Vous venez d'où ? Vous arrivez d'où ?			gare mairie poste

b. Faites le même exercice avec « tu » pour (1) et (3), « elle » pour (2).

Cas professionnel.

1 • Un touriste français vient changer des pièces de monnaie ; vous expliquez que vous regrettez mais que vous ne pouvez pas : la banque ne change pas les pièces.
Il demande ce qu'il peut faire ; vous dites que vous ne savez pas... ou vous proposez une solution.

2 • **a.** Un (une) francophone vient changer ce chèque. Qu'est-ce qui se passe ? *(saluer - signer - identité - taux - montant).* Écrivez le dialogue. Jouez-le.

    b. Une cliente francophone a des chèques de voyage en dollars américains, en marks allemands, en francs suisses ; elle demande quelle somme elle peut avoir en monnaie de votre pays pour 50 dollars, 150 marks, 125 francs suisses. Vous lui répondez.

    c. La signature de la cliente n'est pas la même que celle qui est sur le chèque ; elle explique que c'est la signature de son mari ; vous expliquez que vous ne pouvez **pas payer** ; son mari doit venir et signer.

3 Un Français vient vous voir ; il n'a plus d'argent, plus de billet pour retourner en France ; sa banque travaille avec votre banque.

• Imaginez :
— le nom du monsieur, la somme qu'il veut, pourquoi il n'a pas d'argent, son numéro de compte,
— le nom de sa banque, le numéro de télex,
— le nom de votre banque, le numéro de télex,
— la date.

Écrivez les télex des deux banques.

Parlez-vous français ?

1

M. Muller	Allô ! monsieur Champeix ?
M. Champeix	Oui, qui est à l'appareil ?
M. Muller	La Commerzbank, de Munich. Helmut Muller.
M. Champeix	Ah, bonjour. Vous me téléphonez à propos du télex [1] ?
M. Muller	Oui, il est déjà là ?
M. Champeix	Il vient d'arriver. Pour le débit, c'est une erreur. Nous envoyons un télex. A propos, vous avez nos lettres de change ?
M. Muller	Oui, elles viennent d'arriver.

☞ Qu'est-ce que M. Muller envoie et qu'est-ce qu'il reçoit ? Qu'est-ce que M. Champeix reçoit et qu'est-ce qu'il envoie ?
Regardez le télex page 52. Faites une liste des différentes opérations (employez deux fois « envoyer » et deux fois « recevoir »).

jour	heure	opération
le...	à...	M. Muller... au Crédit Lyonnais.
le...	à...	M. Champeix...
le...	à...	M. Muller téléphone.
le...	à...	M. Champeix... à la Commerzbank.
le...	à...	M. Muller...

2

M. Mukoto	M. Mukoto, Banque Nationale de Développement du Sénégal, j'écoute.
M. Van Heden	Ici M. Van Heden, de la Bank of Holland. Je vous téléphone à propos du télex.
M. Mukoto	Du télex ?
M. Van Heden	Oui, du télex [1] envoyé à votre banque pour le virement de 372 600 francs français au Centre Néerlandais. Vous n'avez rien ?
M. Mukoto	Attendez, c'est peut-être au service du courrier. J'y vais tout de suite. .... Voilà. J'ai le télex. 372 600 francs français pour le compte N° 207492 à l'ordre du Centre Néerlandais.
M. Van Heden	C'est ça.
M. Mukoto	Nous faisons le virement tout de suite. Je confirme par télex.

☞ Qu'est-ce que M. Van Heden envoie et qu'est-ce qu'il reçoit ? Qu'est-ce que Mukoto reçoit et qu'est-ce qu'il envoie ?
[1] Voir p. 52   Regardez le télex page 52. Faites une liste des différentes opérations.

Agir en français.

☐ COMMENT DEMANDER A QUELQU'UN DE FAIRE QUELQUE CHOSE ?

A l'hôtel, au téléphone.

Le réceptionnaire	Réception, j'écoute.
La cliente	Le standard, s'il vous plaît.
Le réceptionnaire	Je ne peux pas vous passer la communication, Madame. Pour avoir le standard, vous devez composer le 3031.

☞ Vous travaillez dans une banque ; on vous téléphone mais la communication n'est pas pour vous. Qu'est-ce que vous dites ? On demande : la direction/M. Hubert/le bureau de change/le département crédits.

Au bureau, au téléphone.

L'employé	Bureau de change, j'écoute.
Le client	Je voudrais parler au directeur, s'il vous plaît.
L'employé	Je regrette, Monsieur, il est absent pour le moment. Est-ce que vous pouvez rappeler vers trois heures ?

☞ Que dit le client ? Que répondez-vous ? Imaginez les dialogues.
a. Un client francophone vous téléphone pour une commande. Vous ne pouvez pas accepter de commande par téléphone. Vous lui demandez d'envoyer sa commande par lettre.
b. Un client francophone vous téléphone. Il veut des dépliants et les prix de votre hôtel. Vous lui demandez de vous donner son adresse.
c. Un client francophone téléphone à votre agence de voyages. Il veut réserver un billet d'avion pour Paris. Vous lui demandez de venir à l'agence.

☞ *Des touristes francophones vous demandent :* « Pardon, Monsieur, pour aller au château, s'il vous plaît ? » *Vous répondez :* « Vous devez prendre le bus n° 78. »
A vous :

— pour aller au port ?... descendre la rue Victor-Hugo
— pour aller au musée d'Art romain ?... traverser le parc

Communiquer en français.

1

M. Muller de la Commerzbank de Munich envoie le télex suivant au Crédit Lyonnais, à Paris :

```
CRELY 684 527 F
191 1508
COMBANK 893 627 D

ATTN M.CHAMPEIX
NOUS REFERONS A VOTRE EXTRAIT NUMERO 267/01 DU
5 JUILLET 1987 CONCERNANT NOTRE COMPTE EN FF
CHEZ VOUS NUMERO 01867735429. VOUS DEBITEZ DE
FF 8472 PAR ORDRE DE PAIEMENT TELEX DU 28 JUIN
AU LIEU DE FF 8272. REPONSE URGENTE. MERCI.
MULLER

CRELY 684 527 F
COMBANK 893 627 D
```

> **NB :** attn = à l'attention de
> FF = francs français

En réponse et après sa conversation téléphonique avec M. Muller (voir p. 50),
M. Champeix envoie le télex suivant :

```
---------
---------
---------
---------
SUITE TELEX CE JOUR CONFIRMONS ERREUR SUR EXTRAIT NUMERO
--------- DU ---------. LIRE--------- AU LIEU DE-------
EXCUSES. SALUTATIONS---------
---------
---------
```

2 ☞ Complétez ce télex.

M. Van Heden, de la Bank of Holland, envoie le télex suivant à la Banque Nationale de Développement du Sénégal, à Dakar :

```
BANNAT 692 SG
272 0914
BANKHO 478 923 N
VEUILLEZ PAYER DE TOUTE URGENCE ET SANS FRAIS POUR NOUS
FF 372 600 EN FAVEUR COMPTE NUMERO 207 492 CENTRE
FORMATION PROFESSIONNELLE SAINT LOUIS A ORDRE DE CENTRE
NEERLANDAIS POUR PROJET 269/87. NOUS CREDITONS VOTRE
COMPTE BANQUE NATIONALE DE PARIS ,PARIS VALEUR 30-11-87
REMERCIEMENTS
BANNAT 692 SG
BANKHO 478 923 N
```

☞ Quelle banque envoie de l'argent ? Pourquoi ? A quelle banque ? Quelle somme ? Pour quel organisme ? Cet organisme se trouve où ?

☞ Après sa conversation téléphonique avec M. Van Heden (voir p. 50), M. Mukoto envoie un télex. Écrivez ce télex.

Documents.

UNE LETTRE DE CHANGE

Dans la banque où vous travaillez, on vous donne la lettre de change ci-dessous :

N.B. : **Lettre de change ou traite**
« Effet de commerce par lequel le créancier, ou tireur, invite le débiteur, ou tiré, à payer une certaine somme à une certaine date (**échéance**). »
Le bénéficiaire est souvent la banque du tireur ; la somme est souvent versée par la banque du tiré : il y a **domiciliation**.
Le « **protêt** » est le refus de paiement d'une traite.

1. A quelle date est établie la lettre de change ? A quelle date sera versée la somme ? Par qui ? Au nom de qui ? A qui ? Pour qui ?
2. Le 30 octobre 1987, l'agence de voyages Lebrun, 26, avenue Gambetta, 21000 Dijon, s'engage à verser le 31 janvier 1988, par l'intermédiaire de sa banque, Banque Nationale de Paris, agence de Dijon, la somme de 13 428 francs, à Sultour, 93, avenue Diderot, 75013 Paris (Banque : Crédit Agricole, agence SP 42). Rédigez la lettre de change.

Perfectionnez votre grammaire.

Les verbes en -ir (34)

Il vient d'arriver. Elles viennent d'arriver.

1/ Complétez le tableau puis lisez-le.

	finir	sortir	offrir	dormir	découvrir	venir
il						
elle						
on						
ils						
elles						

Regardez le présent de : offrir - découvrir.
Est-ce qu'il fonctionne comme le présent de finir ? partir ? ou comme le présent des verbes en -er ?

2/ Singulier ? pluriel ? ou on ne sait pas ? Écoutez et mettez une croix.

	1	2	3	4	5	6	7	8	9	10	11	12
S												
P												
?												

Le pronom personnel objet : locuteur et interlocuteur (25)

Vous me téléphonez à propos du télex ? - Je vous téléphone à propos du télex.

3/ a. *On vous demande :* « Il ne te répond pas ?/Il ne t'écrit pas ? »
Vous répondez : « Si, moi il me répond/m'écrit. Et toi ? Il ne te répond pas/ne t'écrit pas ? »

1. Jeanine ne te téléphone pas ? 2. L'agence ne te prévient pas ? 3. La nouvelle secrétaire ne t'intéresse pas ? 4. Le patron ne te cherche pas ? 5. Jeanne ne t'appelle pas ?

b. Faites le même exercice avec « vous »/« me », puis « vous »/« nous ».

« à le »   →   « au »
« de le »   →   « du »
« à les »   →   « aux »
« de les »   →   « des »
(12) (13)

Je vais voir au service du courrier.

4/ *Vous entendez :* « Vous allez à la banque ? » *Puis :* « musée » *Et vous répondez :* « Non, je vais au musée. » *Puis vous demandez :* « Vous venez de la banque ? » *et on vous répond :* « Non, je viens du musée. »

1. Vous allez à l'agence de voyages ? (café)

2. Vous allez à l'hôtel ? (restaurant)

3. Vous allez à la réception ? (toilettes)

4. Vous allez à la gare ? (port)

5. Vous allez à l'auberge ? (cinéma)

6. Vous allez à la piscine ? (concert)

« y », complément
de lieu
(30)

J'y vais tout de suite.

5/ *Vous entendez* « Tu n'habites pas Paris ? » *Puis :* « 6 mois »
Et vous répondez : « Si, j'y habite depuis 6 mois. »

1. Tu ne travailles pas à la banque ? (2 ans) 2. Tu ne vis pas à l'hôtel ? (2 mois) 3. Tu ne vas pas à la piscine ? (plusieurs années) 4. Tu n'es pas à l'office du tourisme ? (15 jours) 5. Tu n'habites pas à la campagne ? (4 mois)

6/ *On vous demande :* « Vous habitez Paris ? »
Vous répondez : « Non, je n'y habite pas encore, je n'ai pas de logement. »
Sur ce modèle, reprenez les phrases de l'exercice **5** puis choisissez une raison : « Je ne trouve pas le temps ; je commence le mois prochain ; seulement pendant la saison ; la maison n'est pas prête ; je suis chez mes parents ; je passe d'abord mes examens. »

LES AVENTURES DE FRANCOFIL

Cas professionnel.

1 Votre patron vous dit :
« Est-ce que vous pouvez envoyer un télex à la B.N.P. ? C'est à propos d'un virement. Notre centre d'échanges scolaires envoie 57 700 FF au centre d'échanges scolaires français à Paris. Le numéro de compte est 355 866 et c'est pour le stage A/731. »

● Écrivez le télex.

2 Il y a une erreur : la B.N.P. débite le compte de votre banque de 58 800 FF au lieu de 57 700 FF. Vous recevez l'extrait n° 345/20 et vous constatez l'erreur.

● Écrivez un télex pour demander une vérification.

3 Le même jour, la B.N.P. répond pour confirmer l'erreur. Le débit est de 57 700 FF.

● Écrivez le télex de la B.N.P.

Attention ! Quand vous écrivez un télex, n'oubliez pas les numéros du destinataire et de l'expéditeur, la date, l'heure, etc.

Chapitre 2

Dans une maison de commerce

Parlez-vous français ?

Le responsable du marketing d'une filiale de Mirot Prêt-à-porter reçoit un coup de téléphone.

Au téléphone

M. Duval Allô ! c'est Charles Duval à l'appareil. Je vous appelle à propos du catalogue pour la saison prochaine. Il est déjà chez l'imprimeur ?

Le responsable Je crois que oui.

M. Duval C'est embêtant. Il y a quelques changements dans la collection automne-hiver. Il faut absolument s'occuper de ces modifications.

Le responsable Quelles sortes de modifications ?

M. Duval Eh bien, dans les désignations, et aussi quelques modifications de prix. Nous vous envoyons une lettre à ce sujet. Vous pouvez aller à l'imprimerie ?

Le responsable Non, je n'y vais pas, mais je connais l'imprimeur. Je lui téléphone. Je suis sûr qu'il n'y aura pas de problème. Je peux vous demander les modifications ?

M. Duval Si vous voulez bien, je vous lis la liste de tous les changements.

Le responsable C'est une excellente idée. Allez-y. Je vous écoute.

☞ Écoutez bien la liste des changements et complétez la grille.

numéro du modèle	ancien prix	nouveau prix
. . . .	. . . .	. . . .
. . . .	. . . .	. . . .
. . . .	ancienne désignation	nouvelle désignation
. . . .	. . . .	. . . .
. . . .	. . . .	. . . .

LES AVENTURES DE FRANCOFIL

Agir en français.

☐ COMMENT EXPRIMER UNE CONTRAINTE ?

Nous devons modifier les prix.
Nous sommes obligés de modifier les prix.
Il faut modifier les prix. → *expression impersonnelle*

Je regrette, Monsieur, je dois partir à cinq heures.
Je regrette, Monsieur, je suis obligé(e) de partir à cinq heures.
Pour avoir l'avion de six heures, il faut partir à cinq heures. → *expression impersonnelle*

☞ **a.** Complétez avec le présent de « devoir » (voir précis page 176).
1. Tu viens ? — Non, je... (aller à la banque)
2. Paul nous accompagne ? — Non, il... (rester au bureau)
3. Vous envoyez une lettre à la maison Sports et Loisirs ?
   — Non, c'est urgent. Nous... (envoyer un télex)
4. La banque est fermée ? — Oui, les touristes... (changer leur argent à la réception de l'hôtel)

b. Complétez avec le présent de « être obligé de » (reprenez les expressions entre parenthèses de l'exercice **a**).
1. Je n'ai plus d'argent, je...
2. Paul a beaucoup de travail, il...
3. La maison Sports et Loisirs veut une réponse avant 18 heures, alors nous...
4. Dans notre ville, le dimanche, les banques sont fermées, et les touristes...

c. Complétez avec « il faut » (reprenez les phrases de l'exercice **b**).
1. Quand est-ce qu'... aller à la banque ? Quand on...
2. Quand est-ce qu'... rester au bureau le soir ? Quand on...
3. Pourquoi est-ce qu'... envoyer un télex ? Parce que...
4. Pourquoi est-ce qu'... changer l'argent à la réception ? Parce que...

☞ Trouvez deux situations où vous êtes obligé(e) de faire quelque chose et les raisons de ces obligations.

a. *Vous dites à un camarade :* « Je dois rentrer avant 7 h. »
Votre camarade vous demande : « Pourquoi ? »
Vous donnez la raison : « Parce que nous mangeons à 7 h. »

b. Même chose à la forme impersonnelle.
Ex. : « Il faut rentrer avant 7 h (parce qu'on mange...) »

Communiquer en français.

Messieurs,

Nous avons le plaisir de vous annoncer qu'à partir de cet automne,notre maison offrira une collection complète d'articles féminins (ceintures,sacs à main, chaussures, foulards,etc.) qui s'ajoutera à notre collection de prêt-à-porter habituelle.

Le catalogue automne-hiver ci-joint donne une description complète de nos nouveaux articles.

Nous vous adressons également un exemplaire de nos conditions de ventes. Nous attirons votre attention sur les conditions particulièrement avantageuses consenties pour toute première commande.

Nous restons à votre disposition pour tout renseignement complémentaire et vous prions d'agréer,Messieurs,l'expression de nos sentiments dévoués.

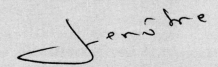

                                    Jacques Lenôtre
                                    Adjoint de direction

☞ **a.** Présentez cette lettre suivant le modèle de la page 34.
   N'oubliez pas :
- l'adresse de l'expéditeur : MIROT Prêt-à-porter
                              34, boulevard Claude Perret
                              B.P. 235
                              69027 Lyon Cedex
- l'adresse du destinataire (choisissez un magasin de votre ville)
- la date (voir télex p. 63)
- la référence de l'expéditeur : Nou/110
- l'objet (faites des propositions)
- les pièces jointes (regardez dans la lettre ci-dessus).

b. Votre entreprise reçoit cette lettre. Votre chef de service vous demande de la traduire.

Documents.

Réussir, exporter, c'est plus simple quand on parle couramment Télex.

Le Télex, c'est la communication efficace.

• Le Télex permet l'échange de messages écrits :
– au sein de l'entreprise : entre le siège et ses usines, entre l'usine et son magasin...
– avec son environnement : fournisseurs, clients, distributeurs, prestataires de services...

• Le Télex contribue à rendre plus performante toute entreprise, quels que soient sa taille et son secteur d'activité.

• Le Télex facilite un grand nombre d'opérations :
– transmettre ou recevoir des informations précises
– transmettre ou recevoir des confirmations urgentes

– relancer un service
– passer ou confirmer des commandes
– transmettre des documents comptables
– transmettre des états de stocks
– préparer une réunion, etc.

• Le Télex est un moyen de transmission qui affranchit du décalage horaire :
le message est reçu 24 heures sur 24, même en l'absence du destinataire.

Perfectionnez votre grammaire.

verbe + « de »
(7)

Il faut s'occuper de ces modifications.

1/ Faites autant de phrases que possible.

1	2	3	4
M. Duval Le responsable Les deux hommes Ils/elles	parle(nt) manque(nt) discute(nt) change(nt)	de d'	catalogue fournisseur employés modèles

Avec quels verbes peut-on supprimer 3 et 4 ?

L'article et le nom :
genre et nombre
(2) (3)

C'est Charles Duval à l'appareil.

2/ Complétez le tableau et dites ce qui indique le genre et le nombre.

une dame →	*des dames* des adresses	*la dame* →	*les dames*
. . . . une élève un élève	. . . .	. . . .	
. . . .	. . . . des employées	l'hôtesse	les employés
. . . .	des hôtels	. . . .	les itinéraires

« y », complément
de lieu
(30)

Vous pouvez aller à l'imprimerie ? Non, je n'y vais pas.

3/ *Vous entendez :* « Vous allez à Paris en train ? » *Puis :* « voiture ».
Et vous dites : « Non, je n'y vais pas en train, j'y vais en voiture. »

1. Vous allez à Québec en avion ? (bateau) 2. Vous êtes à la réception toute la journée ? (le matin seulement) 3. Vous habitez depuis longtemps à Bruxelles ? (depuis deux semaines seulement) 4. Vous allez à la banque en voiture ? (à pied) 5. Vous êtes au bureau du lundi au vendredi ? (du mardi au jeudi seulement) 6. Vous rencontrez des amis au café ? (des clients)

Les pronoms
personnels
compléments
indirects :
« vous »/« nous »
« me »/« te »
(26)

Je vous lis la liste.

4/ *Vous entendez :* « La maison Mirot vous/t'envoie une lettre ? » *Puis :* « un télex » *Et vous répondez :* « Non, elle nous/m'envoie un télex. »

1. Le guide vous montre les musées ? (les rues et les églises) 2. Georges t'envoie des cartes ? (des lettres) 3. Le garçon vous apporte le dîner ? (déjà le café) 4. M. Lefranc te demande les prix ? (les désignations des modèles) 5. Gérard t'écrit de Rome ? (de Paris) 6. L'employé vous montre le plan de la ville ? (les excursions)

Les pronoms
personnels
compléments
indirects :
« lui »/« leur »
(26)

Je connais l'imprimeur. Je lui téléphone.

5/ *Vous entendez :* « Qu'est-ce que vous envoyez à votre collègue ? » *Puis :* « une lettre » *Et vous répondez :* « Nous ? nous lui envoyons une lettre. »

1. Qu'est-ce que vous dites à Yves ? (Nous ? de venir) 2. Qu'est-ce que le guide montre aux touristes ? (Lui ? les musées) 3. Qu'est-ce que le garçon apporte aux clients ? (Lui ? la carte) 4. Qu'est-ce que tu envoies à la maison Mirot ? (Moi ? un télex)

Cas professionnel.

Les modifications dans le catalogue de la maison Mirot.

1 Au lieu de téléphoner, M. Charles Duval de la maison française Mirot envoie un télex.

● Écrivez ce télex. Votre professeur vous aide.

```
MIR 789 101 F
27 1007
MODA 234 123 I
ATTN M.ROMEO
CONCERNE NOTRE CATALOGUE AUTOMNE-HIVER 19..
PRIERE DE TENIR COMPTE DES MODIFICATIONS SUIVANTES:
--------------------------------------------------
-------------------------------------------------
------------------------------------------
```

2 Vous appelez l'imprimerie puis vous répondez par lettre à la maison Mirot.

● Complétez la lettre ci-dessous.

```
Objet:...................          Date:.........

Messieurs,

    Nous avons le plaisir...........................
    ....que nous pourrons tenir compte de toutes les modi-
    fications dans notre...........19.. .
    Il y aura une modification de prix pour les ........
    suivants:
    .......250.......1500F.......1650F
    .......715.......3600F.......3300F
    .......430.......1100F.......1050F
    Il y aura une ............ de désignations pour ....
    .........:
    ............140...........Deauville.........Nice
    ............62...........Biarritz..........Cannes
```

3 Vous n'êtes pas sûr(e) d'avoir très bien noté les indications données par M. Duval. Vous lui téléphonez pour lui dire ce que vous avez compris et pour avoir la confirmation que c'est exact.

● Par groupes de deux, imaginez et jouez la conversation.
a. Vous n'avez pas fait d'erreur.
b. Vous avez fait une erreur.

Parlez-vous français ?

Un de vos collègues vous montre la lettre circulaire ci-dessous et vous demande de la traduire.

Lyon, le 22 janvier 19..

Messieurs,

Nous avons le plaisir de vous annoncer qu'à partir de
cet été nous offrirons une collection complète de vêtements de sport (tennis, golf, natation, ski...) à côté de
notre collection de prêt-à-porter habituelle.

Pour vous renseigner sur nos nouveaux modèles, nous joignons notre catalogue printemps-été à cette lettre.

Vous pouvez également voir cette collection à Lyon,
dans notre salle d'exposition, tous les jours sans exception. Veuillez également trouver ci-joint une liste de
nos prix. Vous remarquerez que nous vous proposons, pour
la saison prochaine, des conditions particulièrement
avantageuses.

Dans l'attente de votre commande, nous vous prions ,
Messieurs, d'agréer l'expression de nos sentiments
dévoués.

Jean-Yves Legros
Chef des ventes

POUVEZ-VOUS M'AIDER À TRADUIRE CETTE LETTRE ?

TRÈS VOLONTIERS !

Vous avez besoin d'aide. Vous allez voir Jean Bonfils, stagiaire français dans votre entreprise.

Vous	Salut, Jean. Je peux te demander quelque chose ?
J. Bonfils	Oui, bien sûr.
Vous	Je dois traduire cette lettre, là, tu vois... Quand ils disent « ... nous offrirons une collection... »...
J. Bonfils	Ça ne veut pas dire qu'ils la donnent sans payer. Ils la vendent, bien sûr.
Vous	Ah ! Je comprends. Et là : « Veuillez également trouver... »...
J. Bonfils	Ça, c'est juste une façon de dire qu'ils mettent la liste avec la lettre. Et « avantageuses », ça veut dire « bon marché ».
Vous	Ça va. Le reste, je comprends. Merci. Salut.
J. Bonfils	A ton service. Salut.

☞ Et vous aussi, vous comprenez tout ?
Non ? Alors, demandez à votre professeur.
Oui ? Alors, traduisez la lettre.

Agir en français.

☐ COMMENT S'ADRESSER À UN ÉGAL/À UN SUPÉRIEUR ?

Quand vous vous adressez à Jean Bonfils, vous dites :
« Salut Jean... je peux te demander... tu vois... »
Si vous vous adressez à un supérieur, vous allez dire autre chose.

Vous vous adressez à un égal.	Vous vous adressez à un supérieur.
Salut + *prénom ou nom*	Bonjour, Madame/Mesdames Monsieur/Messieurs.
Je peux... ?	Je vous prie de m'excuser... Est-ce que je peux... ? Est-ce que je pourrais... ?
Cette lettre, là, tu vois ?	La lettre que vous voyez.
Ça va.	Je vois.
Le reste, je comprends...	Je comprends le reste, je crois...
Merci.	Je vous remercie.
Salut.	Au revoir, Madame/Mesdames Monsieur/Messieurs.

 Reprenez le dialogue de la page 64.
Vous êtes dans une entreprise française et vous vous adressez :
1. à votre chef de service,
2. à la responsable du service commercial,
3. au chef du personnel et au directeur des ventes qui sont en train de bavarder,
4. à la responsable du service commercial et à votre chef de service qui sont en réunion.

LES AVENTURES DE FRANCOFIL

Communiquer en français.

LES DIFFÉRENTES PARTIES D'UNE LETTRE

a. la vedette (adresse, présentée « à la française »)

Lignes	Lettre à un particulier		Lettre à une entreprise
1re	Monsieur Madame Mademoiselle	+ Prénom NOM	NOM de l'entreprise
2^e	(rien)		(rien)
3^e	N°, nom de la rue		N°, nom de la rue
4^e	(rien)		B.P.
5^e	Code postal VILLE		(rien)
6^e			Code postal VILLE CEDEX

Monsieur Denis BOUDET
72, avenue du Général-Leclerc
58000 NEVERS

Établissements VALLIER
17, boulevard A.-Dumas
B.P. 261
74024 ANNECY CEDEX

b. les références

Sur une lettre française, vous verrez :

VOS RÉFÉRENCES : F.M./L.S. 2763
NOS RÉFÉRENCES : P.T./A.D. 549

ou

Vos réf. : F.M./L.S. 2763
Nos réf. : P.T./A.D. 549

Les premières initiales (F.M. ou P.T.) sont celles de la personne qui a dicté la lettre, les autres, celles de la personne (ou du service) qui l'a envoyée.

c. la date

En France, on écrit la date de la façon suivante :
1re ligne : (lieu, ville) 2e ligne : *le* (jour, mois, année)
● N'oubliez pas la virgule après le nom de lieu.
● Écrivez *1er*, mais *2, 3*, etc., *11, 21, 31*...
● N'écrivez pas *Juin*, mais *juin*.

Marseille,
le 12 juin 19...

d. l'appel

Si la première ligne de la vedette est :	l'appel sera :
une personne privée	Monsieur, Madame ou Mademoiselle,
le nom d'une entreprise	Messieurs,
un responsable désigné par sa fonction	Monsieur le... (titre).

L'appel se finit toujours par une virgule : il n'y a jamais d'abréviations.

e. la formule de salutation

● Vous écrivez à un client : Veuillez agréer, Monsieur, l'expression de nos sentiments dévoués.
● Vous écrivez à un fournisseur : Veuillez agréer, Messieurs, l'expression de notre considération distinguée.

N.B. : On trouvera une étude détaillée de la présentation des lettres « à la française » dans *Le français du secrétariat commercial* par Dany, Geliot, Parizet (Hachette éd.) et en particulier des exercices sur les rubriques ci-dessus aux pages : 17, 22, 40, 47, 70 et 92.

Documents.

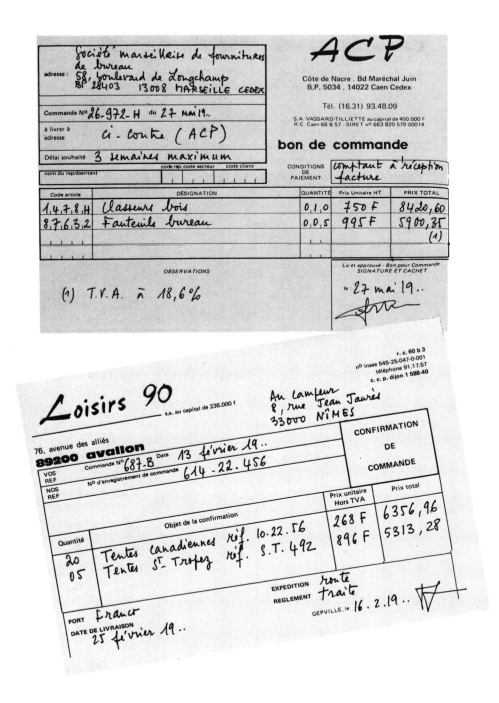

1. Établissez, sur les modèles ci-dessus, le bon de commande de la maison « Au campeur ».
2. Établissez la confirmation de commande de la Société marseillaise de fournitures de bureau.

Perfectionnez votre grammaire.

Le présent, fréquence et répétition (42)

Vous pouvez voir... tous les jours.

1/ Trouvez les éléments de (A) qui peuvent aller avec les éléments de (B).
Ex. : Je change de voiture (A) chaque année (B).

(A)	(B)
1 la banque envoie des extraits de compte	a tous les quinze jours
2 le restaurant change de menu	b chaque soir
3 la maison publie un catalogue	c chaque année
4 je lis le journal	d chaque mois
5 les employés ont 25 jours de congé	e chaque semaine
6 nous partons en voyage d'affaires	f tous les 6 mois

L'expression du lieu : les noms de villes et de pays (52)

... à Lyon...

2/ a. *A l'aéroport :* « Vous allez où, Madame ? » « A Londres. » « Alors, c'est la porte numéro 33. »
Changez le nom de la ville : Paris - Bonn - Rome - Madrid - Athènes - Vienne.
Changez également le numéro de la porte.

b. « Où est-ce que vous passerez vos vacances cette année ? En France ? » « Non, nous ne les passerons pas en France, nous les passerons au Pérou. »
Changez le nom du pays : France - Suède - Égypte - Autriche - Hongrie - Canada - Maroc - Mexique.

Les pronoms personnels compléments directs et indirects (26)

Ils la vendent. Tu peux lui demander.

3/ *On vous demande :* « Vous avez rendez-vous avec la secrétaire ? »
Vous répondez : « Oui, je la vois demain et je lui remettrai les documents. »
Remplacez « la secrétaire » par : le guide - le chef de service - les clients de New York - la responsable - les employés - le chef des ventes.

4/ *On vous demande :* « Vous pouvez nous voir maintenant ? »
Vous répondez : « Non, je vous verrai demain et je vous remettrai les documents. »

1. Tu peux me voir maintenant ? 2. Vous pouvez les voir maintenant ? 3. Vous pouvez voir M. Duroc maintenant ? 4. Ils peuvent te voir maintenant ? 5. Tu peux voir les responsables maintenant ? 6. Ils peuvent vous voir maintenant ?

Le futur : « aller » + infinitif (43)

Vous allez dire...

5/ *On vous demande :* « Vous comprenez ? » *Vous répondez :* « Non, mais je vais comprendre bientôt. »
On vous demande : « Vous lui téléphonez ? » *Vous répondez :* « Non, mais je vais lui téléphoner bientôt. »

1. Vous partez ? 2. Vous le changez ? 3. Il leur fait une offre ? 4. Ils l'achètent ? 5. Vous envoyez le télex ? 6. Tu viens ?

Le futur :
formes simples
(36)

Nous vous offrirons...

6/ Complétez la grille.

	prendre	partir	regarder		mettre	choisir	commander
il	. . . .	. . . .	. . . .	tu	. . . .	. . . .	. . . .
nous	. . . .	. . . .	. . . .	vous	. . . .	. . . .	. . . .
elles	. . . .	. . . .	. . . .	je	. . . .	. . . .	. . . .

Cas professionnel.

On vous transmet
la lettre suivante.

Mécafrance

Construction de machines en tous genres
Société anonyme au capital de 2 000 000 F
Siège social : 148, avenue du Docteur Paillot
B.P. 218 — 31069 TOULOUSE Cedex
R.C. Toulouse 42-618-24

Tél. : 61 21 83 67   Télex : MÉCAFRA 57984 F

Vos réf. :

Nos réf. : RG/LP/2402

Objet: envoi de documentation

P.J.-Ann. : 1 catalogue

(Inscrivez ici l'adresse
de la firme de votre pays.)

Toulouse, le 11 octobre 19..

Monsieur le directeur,

Nous apprenons par notre représentant en/au . . . . (1) votre intention
de lancer une production de charcuterie fine. Nous vous adressons ci-joint
le catalogue de nos machines et nous mettons à votre disposition notre
large et longue expérience pour vous aider à organiser votre nouvelle
activité.

Nous serons heureux de répondre à toute demande de renseignements
complémentaires et vous prions d'agréer, Monsieur le directeur, l'expression
de nos sentiments dévoués.

M. Lardier

(1) Nom de votre pays.

● **a.** On vous demande :

    1. Qui envoie la lettre ?
    2. Qu'est-ce qui est envoyé en même temps que la lettre ?
    3. Quelle est l'adresse de l'expéditeur ?
    4. Pourquoi n'y a-t-il rien en face de « Vos réf. » ?

b. Votre patron veut :

    1. téléphoner,
    2. envoyer un télex à l'entreprise.

    Il vous demande les numéros.

c. On vous demande de traduire la lettre.

Parlez-vous français ?

Vous êtes employé(e) dans la filiale d'une entreprise française.
Votre patron vous appelle pour vous dicter une lettre.

☞ **a.** Écoutez une ou plusieurs fois ce qu'il vous dit. Qu'est-ce que vous avez compris ?
  1. Dans quelle ville se trouve le destinataire ?
     ☐ Lyon   ☐ Biarritz   ☐ Marseille
  2. Quelle est la date mentionnée dans l'objet ?
     ☐ 10 avril   ☐ 10 septembre   ☐ 10 juin
  3. De quel beurre est-ce qu'il est question ?
     ☐ beurre salé   ☐ beurre doux   ☐ beurre de cuisine
  4. Le transport se fera comment ?
     ☐ par bateau   ☐ par chemin de fer   ☐ par avion
  5. Le paiement se fera comment ?
     ☐ au comptant   ☐ par traite
  6. Qu'est-ce que le client attend ?
     ☐ un renseignement   ☐ la commande ferme   ☐ le paiement
  7. Est-ce que c'est... ?
     ☐ une demande   ☐ une commande   ☐ une offre

b. Écrivez la lettre sous dictée.

c. Regardez maintenant la lettre page 191. Vérifiez que vous avez tout noté.

d. Mettez la lettre en page. Inventez le nom de l'entreprise qui envoie la lettre et ajoutez une date.

e. Faites une traduction de la lettre.

LES AVENTURES DE FRANCOFIL

Agir en français.

☐ COMMENT DONNER SON ACCORD ?

Entre amis

Dans une lettre commerciale

Nous espérons que vous pourrez...		...nous livrer la marchandise désirée. ...accepter nos propositions.
Nous sommes heureux... Nous avons le plaisir...	de pouvoir	...vous livrer la marchandise désirée. ...accepter vos propositions.

☞ On vous propose quelque chose. Vous acceptez.
Ex. : « On va se promener. Tu viens avec nous ?
— Oui, d'accord, j'arrive. On va où ? Comment on y va ? »
Choisissez parmi les expressions suivantes.
a. aller se promener - venir - écrire la lettre - téléphoner à la maison Delignon - regarder le dossier - aller à la piscine - répondre au télex - aller au cinéma - aller chercher la documentation - aller au café
b. tout de suite - maintenant - avant 5 heures - demain - avant midi - dimanche - samedi - ce soir

☞ Vos clients vous font beaucoup de demandes.
On vous demande de :
envoyer le tarif - envoyer un catalogue - accorder 5 % de remise - consentir des conditions spéciales - envoyer des échantillons - livrer la marchandise dans 4 jours - établir la facture pour paiement au comptant - livrer 5 tonnes d'engrais n° D/0738 - établir la facture pour paiement par traite.

Écrivez et lisez chaque demande avec sa réponse.
Ex. : Nous espérons que vous pourrez nous envoyer votre tarif./Nous avons le plaisir de vous envoyer ci-joint notre tarif.

Communiquer en français.

1

La maison Leblanc, de Paris, écrit à une maison à l'étranger pour lui demander son catalogue et ses prix.

☞ Écrivez cette lettre à l'aide des indications suivantes.
Adresse de l'expéditeur : Établissements Leblanc et Cie,
23, rue F.-David, 75016 Paris
Adresse du destinataire *(imaginez-la)* :
Date : 14 février 19...
Objet : Néant
Messieurs,
Prier - envoyer - catalogue/porcelaine de table/automne-hiver 19...
- ainsi que - conditions de vente.
Conditions pour - commandes - montant de 150 000 FF minimum ?
attente - réponse - fin de la lettre.

2

La lettre de la maison Leblanc est arrivée dans votre entreprise et vous y répondez.

☞ Voici les éléments de votre réponse, écrivez la lettre.
Objet : . . . .
Messieurs,
Bien reçu - lettre/14 février - remercier/confiance.
Avoir le plaisir - envoyer ci-joint - catalogue + exemplaire/conditions
de vente.
Pour commande 150 000 minimum - consentir - remise de 5 %
sur - prix/tarif.
Attente - commande - fin de la lettre.

3

Le numéro de télex de la maison Leblanc est PORFRAN 950 692 F.

☞ Imaginez le numéro de télex de la firme de votre pays. Les deux maisons n'envoient pas des lettres mais des télex. Rédigez les deux télex complets (voir pp. 46 et 52).

Documents.

TÉLEX
Le langage des affaires.

**Le Télex, c'est la transmission
en toute sécurité, en toute simplicité,
en toute économie.**
Le Télex, outil de communication privilégié
du monde des affaires, assure la transmission
des messages :

En toute sécurité :
- pour la préparation du message, corrections
possibles, avant l'envoi, sur la bande perforée
ou mieux, sur l'écran
- identification du correspondant par
son indicatif
- certitude de réception quasi immédiate
du message
- réception automatique du message même
en l'absence du correspondant
- trace écrite précise avec indicatif
du correspondant, date et heure
de la transmission. Le Télex constitue ainsi
un commencement de preuve par écrit
devant les tribunaux de commerce.

En toute simplicité :
Utilisable par tous et partout dans l'entreprise,
le Télex a su évoluer : c'était un matériel
performant mais peu pratique ; c'est
aujourd'hui un outil simple, facile à utiliser,
indispensable à tout secrétariat efficace.

En toute économie :
- L'envoi d'un Télex de 50 mots,
de 10 caractères chacun, coûte* :
- ROUEN-CAEN : 1,20 F (correspondants
dans la même circonscription de taxe)
- PARIS-MARSEILLE : 3,00 F (correspondants
dans des circonscriptions de taxes
différentes)
- PARIS-NEW YORK : 10,40 F
- PARIS-TOKYO : 22,10 F

- Un demi-tarif est accordé pour la part
du trafic réalisé sur le territoire français :
de 12 h 30 à 14 h 00 et de 18 h 00 à 8 h 00.
Le dimanche et les jours fériés, toute
la journée.
*(Tarif au 1.1.84)

Perfectionnez votre grammaire.

Le présent des verbes en -re (34)

Vous y répondez.

1/ a. Complétez la grille avec le présent des verbes indiqués puis lisez.

	attendre	*descendre*	*perdre*		*vendre*	*répondre*	*rendre*
il	. . . .	. . . .	. . . .	je	. . . . . .	. . . . . .	. . . . . .
nous	. . . .	. . . .	. . . .	vous	. . . . . .	. . . . . .	. . . . . .
elles	. . . .	. . . .	. . . .	tu	. . . . . .	. . . . . .	. . . . . .

b. Complétez la grille ci-dessous avec le présent des verbes indiqués et comparez ces formes avec celles de la grille **a.**

	prendre	*mettre*	*battre*		*comprendre*	*promettre*	*apprendre*
je	. . . . . .	. . . . . .	. . . . . .	tu	. . . .	. . . . . .	. . . . . .
nous	. . . . . .	. . . . . .	. . . . . .	ils	. . . .	. . . . . .	. . . . . .
elle	. . . . . .	. . . . . .	. . . . . .	vous	. . . .	. . . . . .	. . . . . .

Les verbes pronominaux

On va se promener ?

2/ *On vous dit :* « Il s'amuse bien. » *et vous dites :* « Moi aussi, je m'amuse bien. » *Puis vous demandez :* « Et vous, vous vous amusez bien ? » *et on vous répond :* « Oui, nous nous amusons bien. » Continuez.

1. Elle se couche tard.
2. Ils s'ennuient rarement.
3. Il se promène souvent.
4. Il se prépare longtemps.
5. Il se lève tôt.
6. Elle se sent bien.

« à » + nom → « y » (27)

Vous y répondez.

3/ *On vous demande :* « Vous assistez souvent aux réunions ? »
Vous répondez : « Aux réunions ? J'y assiste toujours. »

1. Vous assistez souvent aux discussions ? 2. Vous jouez souvent au tennis ? 3. Vous réfléchissez souvent à notre plan ? 4. Vous pensez souvent aux vacances ? 5. Vous jouez souvent aux cartes ? 6. Vous travaillez souvent à vos projets ?

Le futur : formes simples irrégulières (36)

Le transport se fera par chemin de fer.

4/ a. Cherchez toutes les formes du futur des verbes : avoir - être - faire - aller - voir. (Complétez avec *a, e, i, o* ou *u.*)

V.RR.NT	..R.NS	.R.Z	.R.NS	S.R.Z
..R.NS	F.R.NS	S.R.	F.R.S	.R.NT
S.R.NT	.R.	.R.S	..R.Z	..R.S
V.RR.NS	S.R.NS	F.R.	S.R..	V.RR.
F.R.NT	V.RR.S	..R.	..R..	F.R..
V.RR..	V.RR.Z	.R..	F.R.Z	S.R.S

b. Mettez devant chaque forme « je » ou « tu » ou « il/elle/on », etc.

Le passé composé : « être » + participe passé (38)	**_La lettre est arrivée dans votre entreprise._**

5/ Regardez.

« Il arrive. Il est arrivé hier. »

« Nous passons à l'usine. Nous sommes passés à l'usine hier. »

Mettez au passé composé.

1. Je monte.
2. Charles va à l'aéroport.
3. Tu sors ?
4. Élisabeth retourne à l'école ?
5. Vous partez à quelle heure ?
6. Nous entrons dans le magasin. .
7. Elles restent encore un peu.
8. Éric et Martine viennent nous voir.

Cas professionnel.

Vous travaillez dans un magasin de cycles de votre pays (imaginez le nom, l'adresse, etc.).
La maison Toucycles (18, rue du Moulin, 33100 Bordeaux) vous envoie une lettre circulaire
pour proposer ses articles.

Messieurs,

Nous sommes heureux de vous informer que la maison Toucycles va bientôt fêter ses quatre-vingts ans.A cette occasion,nous avons renouvelé nos modèles.Vous pouvez maintenant trouver chez nous tous les cycles pour le sport et pour le tourisme ainsi qu'une large gamme de cyclo-moteurs.

Vous trouverez ci-joint notre catalogue ainsi que nos tarifs.Nous attirons votre attention sur la remise exceptionnelle de 7% que nous consentons pour toute commande passée avant le 31 décembre prochain.

Nous espérons que cette offre retiendra votre intérêt et restons à votre disposition pour tout renseignement complémentaire.

Dans l'attente de votre courrier,nous vous prions d'agréer, Messieurs, l'expression de nos sentiments dévoués.

a. Le 22 octobre, vous recevez la lettre circulaire de la maison Toucycles. Votre patron vous demande de la traduire.

b. Le 27 octobre, vous devez répondre en demandant les conditions pour une commande de :
— 10 vélos hommes, modèle H.T. 122
— 8 vélos dames, modèle D.T. 208
— 5 cyclomoteurs, modèle C 120.

c. Le 4 novembre, la maison Toucycles répond qu'elle peut consentir une remise totale de 7 % si la commande est faite avant le 31 décembre.

d. Le 15 novembre, vous passez la commande.

● Traduisez la lettre circulaire et rédigez les trois lettres (b), (c), (d).

Situation 4 Recevoir un fournisseur francophone

Parlez-vous français ?

Une chaîne de magasins d'épicerie fine de votre pays a décidé d'installer un rayon de spécialités françaises fournies par la maison Tauchon de Paris. Madame Flouzat, responsable des ventes chez Tauchon, vient sur place visiter l'installation des nouveaux rayons. Mademoiselle Rutte la reçoit.

1 A l'arrivée

Mlle Rutte	Bonjour, Madame. Nous vous attendions. Je préviens monsieur Johnson.
Mme Flouzat	Merci, mais... qui est monsieur Johnson ?
Mlle Rutte	Notre directeur commercial, Madame.
Mme Flouzat	Ah oui ! Je l'ai rencontré à la Foire de Strasbourg.

☞ Écoutez la conversation puis répondez aux questions suivantes.
— Madame Flouzat : fonction ? entreprise (nom, ville) ?
— Monsieur Johnson : fonction ? Imaginez le nom de son entreprise et choisissez une ville de votre pays.
— Pourquoi madame Flouzat a-t-elle rencontré monsieur Johnson à Strasbourg ? Pourquoi est-ce qu'ils se rencontrent maintenant ?

2 Avec M. Johnson

M. Johnson	Ah ! madame Flouzat. Je suis très heureux de vous revoir. Je vous souhaite la bienvenue dans notre maison.
Mme Flouzat	Merci, monsieur Johnson. Je ne pensais pas vous revoir si rapidement. Moi aussi, je suis très heureuse de nos projets communs. Où en sont nos affaires ?
M. Johnson	Nous avons installé des rayons dans trois de nos magasins.
Mme Flouzat	Très bien ! On peut les voir ?
M. Johnson	Bien sûr ! Je vais vous conduire dans les trois. Mais avant, il nous faut faire le point, je pense. Voulez-vous passer dans mon bureau ?

3 Plus tard

Mme Flouzat	Eh bien, les trois rayons sont très agréables, mais tous les produits ne sont pas encore là. C'est ennuyeux !
M. Johnson	Oui, je pense qu'il doit y avoir des problèmes à la douane.
Mme Flouzat	Je sais, c'est toujours pareil. Mais on va intervenir.

☞ Écoutez les deux conversations puis regardez les phrases ci-dessous. Quelles sont les phrases qui correspondent aux dialogues ? 1. Il y a des rayons de spécialités françaises dans 1/2/3/4/5 magasins. 2. Tous les produits sont déjà là./Tous les produits ne sont pas encore là. 3. Il y a des problèmes de transport./Il y a des problèmes à la douane.

☞ Imaginez la journée de madame Flouzat.

Agir en français.

☐ COMMENT DIRE CE QUE L'ON AIME/CE QUE L'ON N'AIME PAS ?

Avec des amis

J'aime	aller au cinéma.
_____	dîner au restaurant.
	passer le week-end à la campagne.
Je déteste	lire le soir.
	aller danser.
	l'automne.
	la chaleur.

On a le même sentiment.

☞ **a.** « J'aime aller au cinéma. — Moi aussi, j'aime aller au cinéma. »
Un élève dit ce qu'il aime et un autre reprend sous la forme
« Moi aussi, ... »
b. « Je n'aime pas aller au cinéma. — Moi non plus, je n'aime
pas... » Même exercice que pour **a**.

On a un sentiment différent.

c. « J'aime aller au cinéma. — Moi, par contre, je n'aime pas... »
Même exercice que pour **a**.
d. « J'aime aller au cinéma. — Moi, par contre, je déteste... »
Même exercice que pour **a**.

Dans l'entreprise

Je suis Il est Elle est	content(e) heureux (heureuse) ravi(e) contrarié(e) fâché(e) désolé(e)	de	communiquer ce message à notre partenaire. partir ce soir. modifier les conditions. proposer l'affaire en ce moment. m'(s')occuper d'une affaire délicate. prendre l'initiative.

On a le même sentiment.

☞ **a.** « Je suis heureux de vous revoir. — Moi. aussi, je suis heureuse
de vous revoir. »
Un élève fait une phrase et un autre la reprend sous la forme
« Moi aussi, je... »
b. « Je ne suis pas contente de... — Moi non plus, je ne suis pas
content de... » Même exercice que pour **a**.

On a un sentiment différent.

c. « Je suis content de... — Moi, par contre, je ne suis pas content
de... » Même exercice que pour **a**.
d. « Je suis content de... — Moi, par contre, je suis contrarié
de... » Même exercice que pour **a**.

Communiquer en français.

Au standard téléphonique

M. Lebon   Passez-moi (1) le directeur adjoint (2), s'il vous plaît (3).

La standardiste   Le directeur adjoint ? Oui, c'est de la part de qui (4) ?

M. Lebon   La maison Sancelme (5).

La standardiste   Pouvez-vous épeler, je vous prie (6) ?·

M. Lebon   S.A.N. comme Nicolas [1], C.E.L. comme Louis [1], M.E.

La standardiste   Merci, Monsieur (7). Je vais voir si le directeur adjoint est là. Ne quittez pas. »

(1) Voir page 39.

Variantes
1. Je voudrais.../je voudrais parler à... au.../pourriez-vous me passer...
2. Monsieur/Madame/Mademoiselle.../le service commercial/le poste 145-96/la comptabilité.
3. Je vous prie.
4. Vous êtes Monsieur/Madame... ?/Je peux vous demander votre nom ?
5. L'entreprise Bontemps/la firme Rochegade/la société Levadoux.
6. S'il vous plaît.
7. Madame/Mademoiselle.

☞ Redites le dialogue en utilisant les variantes.

La standardiste   Je suis désolée, le directeur adjoint (2) n'est pas là. Il sera absent toute la journée.

M. Lebon   C'est ennuyeux.

La standardiste   Est-ce qu'il peut vous rappeler quand il rentrera ?

M. Lebon   S'il vous plaît. C'est monsieur Lebon (7), L.E.B.O.N., de la maison Sancelme, à Grasse (8), tél. 93 20 30 18 (9), poste 113 (10), six et sept. Vous transmettez le message ?

La standardiste   Bien sûr, Monsieur, comptez sur moi.

Variantes
7. Valette/Maridet/Ranage/Brunot.
8. Cherbourg (33)/Toulon (94)/Dijon (80)/Tours (47)/Poitiers (49)
9. 42 67 89/73 20 17/38 13 94/77 03 56/93 97 19
10. 116/205/66/307/90

☞ Redites le dialogue en utilisant les variantes.

Documents.

Bureaumatique

Annexe 3

S. A. au capital de 100 000 F
24, Boulevard Gambetta
30000 NIMES
Tél. : (66) 84.36.12   C.C.P. 524.12 Montpellier
Ad. Tél. : MAURIN NIMES   Bque C. Lyonnais Nîmes
Sirène 451 30 010 0008

CLASSEMENT		FACTURE exemplaire		
		DATE	NUMÉRO	FEUILLET
CODE CLIENT		5.11.19..	1126-88	1

COMMANDE	*n° 1071 / 14.10.19..*
OFFRE	
LIVRAISON	
REPRÉSENTANT	

Le bureau moderne
83, rue de Paris
03200 VICHY

ORIGINE	TRANSPORTS DESTINATION	MODE	CONDITIONS	LIVRAISON *charge client*	DATE *28.10*
NIMES	*VICHY*	*rail*	CONDITIONS DOMICILIATION	PAIEMENT *Traite 14.11 - 60 jours*	

MARQUES & NUMÉROS	NOMBRE ET NATURE DES COLIS DESCRIPTION DE LA MARCHANDISE	MASSE NETTE unité	DIMENSIONS unités
	49 kg - 2 colis	MASSE BRUTE unité	VOLUME unité

N°	Référence	DÉSIGNATION DES ARTICLES	Taxes	Quantité et unité	P.U. TARIF H.T.	TAUX DE REM.	P.U. H.T.	MONTANT H.T.
1	2	3	4	5	6	7	8	9
1	312	*Blocs 150 feuilles*	B	50	37	2%	36,26	1813
2	518-3	*Attache-lettres (boîtes de 100)*	B	100	23	—	23	2300
3	142-C	*Registres comptables*	B	10	168	2%	164,64	1646,40

T.V.A. (A)			T.V.A. (B)			T.V.A. (C)				
Taux	Base	Montant	Taux	Base	Montant	Taux	Base	Montant	TOTAL H.T.	5959,40
			18,6	5959,40	1071,24				TOTAL TVA	1071,24

TAXE PARAFISCALE (P)			TAXE PARAFISCALE (Q)				
Taux	Base	Montant	Taux	Base	Montant	TOTAL TAXES PARAFISCALES	

RÉSERVÉ AU DESTINATAIRE	DÉBOURS EMBALLAGES TRANSPORTS ASSURANCES	MONTANT 112,50	TOTAL TTC	7030,64
			TOTAL DÉBOURS	112,50
			NET A PAYER	7143,14

Reproduisez le formulaire ci-dessus et établissez les factures correspondant au bon de commande et à la confirmation de commande de la page 67.

Perfectionnez votre grammaire.

Les pronoms sujets :
« moi », « toi »
(22)

Moi aussi, je suis heureuse de vous revoir

1/ *On vous dit :* « Je vais au marché. Et toi, tu vas au bureau ? »
Vous répondez : « Non, moi je vais au restaurant. »
Choisissez dans le tableau ci-dessous et faites autant de phrases que possible.

moi toi lui elle nous vous eux elles	aller... au marché, au bureau, au restaurant
	venir... demain, ce soir, à 5 heures
	faire... un café, un projet, des photocopies
	acheter... des chaussures, une cravate, un pull-over
	envoyer... des télex, une lettre, un message

« de »/« à »
+ articles
→« du », « des »,
« au », « aux »
(12) (13)

...l'installation des nouveaux bureaux.

2/ Mettez au masculin, puis au pluriel, puis au féminin pluriel les mots soulignés.
Ex. : Il faut prendre des nouvelles de la petite (du petit), (des petits), (des petites).

1. Allez chercher les papiers de la dame. 2. Vous vous adressez à l'employée, s'il vous plaît. 3. Demandez à la journaliste. 4. C'est l'avis de la directrice. 5. Où est la fiche de la cliente ?

« il me « te/nous...)
faut »
(24) (25)

Il me faut votre numéro de téléphone.

3/ Complétez.
Ex. : « Qu'est-ce qu'il te faut ? - Il me faut une réponse tout de suite. »
1. Qu'est-ce qu'il faut à M. Dupont ? ...un dictionnaire. 2. Qu'est-ce qu'il faut aux deux touristes ? ...un médecin. 3. Qu'est-ce qu'il vous faut ? ...un thé. 4. Qu'est-ce qu'il faut au vendeur ? ...le catalogue. 5. Qu'est-ce qu'il te faut ? ...une explication. 6. Qu'est-ce qu'il faut aux clients ? ...des fleurs.

Le passé composé :
« avoir » + participe
passé
(39)

Une chaîne a décidé d'installer...

4/ a. Complétez les phrases suivantes.

1. Hier, j'ai ... les plans. (modifier → modifié) 2. Tu as ... à quelle heure ? (finir → fini) 3. Il (elle) a ... les instructions .(attendre → attendu) 4. Nous avons ... les documents. (rendre → ?) 5. Vous avez ... toute la matinée .(dormir → ?) 6. Ces jours derniers, ils ont ... tard. (travailler → ?)

b. Donnez les participes passés des verbes : téléphoner - servir - entendre - grandir - perdre - changer.

L'imparfait :
formes
(35)

Je ne pensais pas vous revoir si rapidement.

5/ Complétez. Utilisez les voyelles : a (11 fois) - e (10 fois) - i (16 fois) - o (5 fois) - u (2 fois). Les verbes sont à l'imparfait.

1. Quand les commandes b..ss...nt, nous ch.rch..ns de nouveaux clients. 2. Vous t.l.ph.n..z quand le directeur d.sc.t..t. 3. Je s.gn..s le courrier au moment où tu r.c.nt..s l'affaire. 4. A ce moment-là, vous h.b.t..z la campagne et nous p.ss..ns souvent vous voir. 5. L'ancien directeur .c..t..t tout le monde, mais d.c.d..t seul. Je pr.f.r..s ça.

Cas professionnel.

Le responsable dont vous êtes le (la) secrétaire va venir en France. Il aime voyager par le train, et il sera obligé de le faire car il n'y a pas toujours un aéroport dans les villes où il ira.

● Qu'est-ce que vous lui direz s'il doit aller, à partir de Paris, à : Lille ? Strasbourg ? Caen ? La Rochelle ? Auch ? Avignon ?

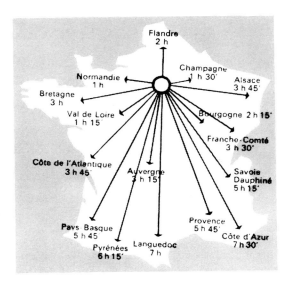

La carte ci-contre vous aidera à lui dire combien de temps dureront ses trajets.

A Paris, pour tous ces trajets, il devra changer de gare. Regardez la carte ci-dessous :

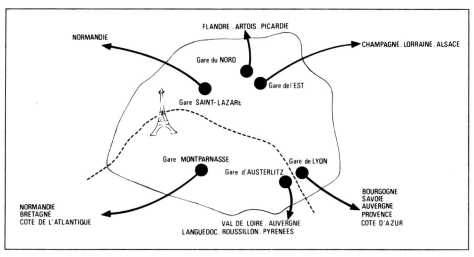

Votre patron a, à Paris, des rendez-vous qui l'obligent à l'itinéraire suivant : Strasbourg - Paris - Avignon - Paris - Caen - Paris - La Rochelle - Paris - Lille - Auch - Paris.

● Faites le tableau des changements de gares que vous établirez pour votre patron.

Parlez-vous français ?

Vous travaillez dans le service commercial d'une maison de votre pays qui vend des tissus. Vous recevez monsieur Dubuisson de la maison Toutissus de Québec.

1

Vous	Vous arrivez directement du Canada ?
M. Dubuisson	Non, j'ai travaillé en France ces jours derniers.
Vous	Vous êtes venu en avion ?
M. Dubuisson	Oui, je suis parti d'Orly Sud ce matin.
Vous	Bon. Voilà ce que je vous propose pour la journée. Tout d'abord, si vous le permettez, je vais vous emmener déjeuner.
M. Dubuisson	Bien volontiers.

☞ Racontez le voyage d'affaires de monsieur Dubuisson : Québec... France... Orly Sud... avion... aéroport d'une ville de votre pays...

2

Vous	Après le repas, nous pourrons aller visiter l'une des usines qui fabriquent nos tissus.
M. Dubuisson	Vous avez plusieurs fournisseurs ?
Vous	Oui. Jusqu'à l'année dernière, nous nous fournissions dans une seule usine, mais elle a arrêté sa fabrication. Alors nous avons changé de méthode.
M. Dubuisson	Et vous préférez ?
Vous	Oh oui, c'est nettement plus efficace.

☞ Répondez.
De quelle façon est-ce que la maison de votre ville se fournissait avant ? se fournit maintenant ?

3

Vous	Et enfin, quand nous reviendrons de l'usine, nous préparerons la réunion de demain.
M. Dubuisson	On pourra voir les tissus ?
Vous	Je vais demander les échantillons au service commercial.
M. Dubuisson	Parfait.
Vous	Ça vous permettra de ne pas vous coucher trop tard.
M. Dubuisson	C'est très gentil.

☞ Et maintenant, racontez la journée de travail de monsieur Dubuisson dans l'entreprise de votre ville : déjeuner - visite d'une usine - préparation d'une réunion - présentation des tissus - retour à l'hôtel

Agir en français.

☐ COMMENT S'OCCUPER D'UN INVITÉ FRANÇAIS AU RESTAURANT ?

1 Choisir les plats.

Proposer (voir p. 15)

a. Est-ce que vous aimez la viande ? le poisson ?
b. Qu'est-ce que vous souhaitez comme plat principal ? De la viande ? Du poisson ?
c. Et comme entrée ? (hors d'œuvre, charcuterie, etc.)
d. Est-ce que je peux vous proposer... ?

> ☞ Vous emmenez M. Dubuisson au restaurant :
> — vous lui posez une question (a ou b) ;
> — suivant sa réponse, vous proposez un plat plus précis
> (c ou d).
> Imaginez plusieurs possibilités (viande, poisson, viande rouge, viande blanche, poisson de mer, de rivière, en sauce, grillé...) et faites le ou les dialogues.

Expliquer

Pour les plats de votre pays, M. Dubuisson vous demande des explications.
Par exemple : « Du... (plat de votre pays)..., qu'est-ce que c'est ? »

> ☞ Est-ce que vous savez expliquer les plats de votre pays ?
> Oui ? Alors, donnez une explication.
> Non ? Alors, demandez à votre professeur. Il vous aidera.

2 Choisir les boissons/les vins.

Qu'est-ce que vous buvez ?
Avec ce plat, je vous propose de boire.../Est-ce que vous avez déjà bu... (boisson ou vin typique de votre pays) ?

> ☞ Imaginez le dialogue.

LES AVENTURES DE FRANCOFIL

Communiquer en français.

1 _____

M. Valette	Allô ! la société <u>Van Hook</u> (1), à <u>Rotterdam</u> (2) ?
Mme Ruyske	Oui, Monsieur. C'est le service commercial, <u>madame Ruyske</u> (3).
M. Valette	Bonjour, Madame. Ici monsieur Valette de la <u>maison Chauffour</u> (4), à <u>Paris</u> (5).
Mme Ruyske	Ah oui ! Vous devez venir nous voir, je crois ?
M. Valette	Voilà. C'est à ce sujet que je vous téléphone.

☞ Redites le dialogue en remplaçant les mots soulignés.
Pour (1), trouvez des noms d'entreprises de votre pays.
Pour (2), donnez des noms de villes de votre pays.
Pour (3), donnez votre propre nom.
Pour (4), trouvez, dans le livre ou ailleurs, des noms d'entreprises françaises.
Pour (5), trouvez les noms d'autres villes françaises.

2 _____

M. Valette	Oui, j'ai l'intention de venir le mardi 18 mars.
Mme Ruyske	C'est la date prévue, je crois.
M. Valette	Oui. J'arriverai le matin.
Mme Ruyske	Vous serez chez nous vers quelle heure ?
M. Valette	Vers 10 heures 30, 11 heures.
Mme Ruyske	Très bien, nous vous attendrons.

☞ Redites ce dialogue en faisant varier le jour/la date/le moment d'arrivée (matin/après-midi)/l'heure.

☞ Votre patron (qui est-il ? quelle est votre entreprise ?) vous demande de prendre un rendez-vous (où ? quand ?) avec le responsable (nom ? fonction ?) d'une entreprise française (laquelle ?) ou francophone (de quel pays ?).
Vous téléphonez. Imaginez la conversation.

Documents.

VOYAGER EN AVION

Orly Sud... première étape de votre voyage !

1 La lettre qui désigne la porte d'accès à l'aérogare, le plus proche de votre point de rendez-vous est en principe la porte R. Elle est située à proximité de la tour de contrôle.

2 Le numéro de la zone d'enregistrement est indiqué sur les panneaux jaunes. Les vols charters sont généralement enregistrés dans les zones 3 et 4. (Toutefois, certains groupes peuvent être embarqués sur des vols réguliers).

3 Faites-vous enregistrer le plus tôt possible même si vous n'avez pas de bagage et notez bien votre numéro de vol.

4 Gagnez le premier étage par l'escalier central (point de rencontre) en suivant la signalisation jaune : "accès aux avions".

5 Passez sans attendre les formalités de police (contrôle des passeports).

6 Vous trouverez sous douane toutes informations utiles sur un second tableau identique au premier. De toute façon, le numéro de la salle d'embarquement n'apparaît qu'une heure environ avant l'heure estimée de départ.

7 Vous disposerez ainsi de tout le temps nécessaire à vos achats hors taxe et pourrez attendre l'embarquement en vous reposant au "Salon Espace".

8 En zone sous-douane, aussi bien dans le centre commercial qu'au Salon Espace, des tableaux d'affichage vous donneront en temps voulu le numéro de votre salle d'embarquement confirmé par voie d'annonce.
Dirigez-vous alors vers cette salle au plus tard 20 minutes avant l'heure de départ.

Perfectionnez votre grammaire.

Les verbes à deux compléments (7)

Je vais demander les échantillons au service commercial.

1/ On vous donne : « patronne-le-à-clients-menu-la-les-commandent » et vous reconstituez : « Les clients commandent le menu à la patronne. »

1. demande-épicier-le-renseignements-à-des-touriste-l'. 2. timbres-Monsieur-vend-des-Forestier-réceptionnaire-à-le. 3. femme-à-des-Monsieur-fleurs-offre-Romain-sa. 4. client-à-histoire-l'-l'-raconte-un-employé. 5. 108-dame-serviette-du-de-la-la-donne-femme-à-une-chambre. 6. trajet-ses-il-le-clients-à-explique.

L'expression du lieu : les noms de pays (52)

Vous venez directement du Canada ?

2/ Regardez.

			1	2	3
La France est importante. L'Italie est importante.		Il habite...	en France... en Italie en Équateur	au Canada...	aux États-Unis
Le Canada est important. L'Équateur est important.		Il revient...	de France... d'Italie d'Équateur	du Canada...	des États-Unis
Les États-Unis sont importants.					

Dans quelle colonne (1/2/3) mettez-vous les noms des pays suivants ? la Suisse - le Portugal - la Belgique - l'Autriche - les Pays-Bas - le Maroc - la Suède - le Sénégal - les Philippines - la Grèce - l'Espagne - le Brésil - l'Irak.

Le futur : formes simples irrégulières (36)

Nous pourrons ensuite aller visiter une des usines.

3/ a. Regardez.

ATIENDRONS PLIVOUSONL RUOINSUPOI VOUDREZRIM CINNOLAURA	INLRDEVRAS ATRASLOOGU NFAIARUNRR APOURRONTE IVIENDRAIZ

b. Retrouvez une forme du futur de chacun des verbes suivants :

avoir/pouvoir/vouloir/tenir/venir/devoir.

c. Trouvez pour chacun les autres formes du futur.

L'imparfait : formes (35)

Nous vous fournissions...

4/ a. *On vous dit :* « Vous essayez, d'accord, mais avant ? »
Vous répondez : « Avant ? J'essayais aussi. »
Même chose avec : choisir, modifier, attendre, prendre, travailler, exporter.

b. Regardez : « Nous vendons, c'est vrai. Mais avant, nous vendions davantage. »
Faites les mêmes phrases avec : sortir, grandir, s'amuser, fournir, offrir.

c. *On vous dit :* « Nous voyageons beaucoup, c'est vrai. Mais eux ! »
et vous dites : « Eux ? Ils voyageaient bien avant nous. »
Même chose avec : essayer, acheter, sortir, perdre, chanter, se promener.

Imparfait/passé composé : habituel/ pas habituel (44)

Nous nous fournissions dans une seule usine mais elle a arrêté sa fabrication.

5/ « En 1980, est-ce que vos parents avaient une voiture ?
   — Oui, ils avaient une grande voiture.
   — Est-ce que vous avez passé de bonnes fêtes de Noël ?
   — Oui, j'ai passé les fêtes de Noël avec ma famille. »

A vous. En 1985...
1. Qu'est-ce que vous avez eu comme cadeau ? 2. Est-ce que vos parents avaient la télévision ? 3. Est-ce que vous êtes parti(e) en vacances ? 4. Où est-ce que vous êtes allé(e) ? 5. Est-ce que vous alliez souvent au cinéma ? 6. Est-ce qu'il y a eu un événement important ? Lequel ?

Cas professionnel.

Vous vous occupez de recevoir un client francophone.

a. Une firme française téléphone pour prendre rendez-vous pour M. Grand.

● Imaginez le dialogue.

b. Vous devez consulter dans votre entreprise le responsable concerné. Une légère modification (ex. : moment de la journée, personne rencontrée) est nécessaire. Il y a donc une deuxième conversation téléphonique.

● Imaginez le dialogue.

c. Vous envoyez un télex de confirmation.

● Écrivez le télex.

d. Vous recevez la lettre suivante.

> Madame,
> Comme suite à nos conversations téléphoniques et à votre télex du........(1) , je suis heureux de vous confirmer ma venue dans votre entreprise le......(1) à.....(2) pour rencontrer M./Mme........(3).
> Est-ce que je peux vous demander de me réserver une chambre confortable pour une personne pour les nuits du ......(4) au:...........(4)? Merci de me communiquer le nom de l'hôtel.
> Dans l'attente de vous rencontrer, je vous prie d'agréer, Madame, l'expression de mes sentiments distingués.

● Vous réservez une chambre dans un hôtel de votre ville et vous envoyez par télex les indications nécessaires (voir pages 19, 21 et 25).

Parlez-vous français ?

Vous êtes secrétaire dans la filiale d'une firme française. Votre directeur est français.

1
_____

Le directeur	(*Voix dans l'interphone*) Mademoiselle, vous pouvez venir un instant, s'il vous plaît ?
Vous	Tout de suite, Monsieur, j'arrive.
Le directeur	Vous avez fini de taper tout le courrier ?
Vous	Oui, Monsieur, le voici.
Le directeur	Bon. Je le signerai tout à l'heure. Deux télex pour la maison mère : le premier pour monsieur Leval, à propos de l'affaire du Comptoir International. Ils disent qu'ils ont mal expliqué l'affaire et qu'ils veulent donner des précisions. Dites-leur que nous attendons leurs instructions. Dès que c'est fait, nous reprenons le dossier. Le deuxième télex est pour madame Rembert. Nous pensons à elle et à sa demande. Mais il faut qu'elle nous envoie d'urgence le nouveau catalogue. Nous répondrons immédiatement.
Vous	Bien, Monsieur. Je m'en occupe tout de suite.

☞ Écoutez le dialogue. Rédigez les deux télex.

Votre entreprise emploie des Françaises. L'une d'elles, Élisabeth Cataix, vient vous trouver.

2
_____

E. Cataix	Dis donc, je voudrais te demander quelque chose.
Vous	Je t'écoute.
E. Cataix	Voilà. Tu sais qu'il n'y a que trois jours que je suis ici.
Vous	Oui. Et alors ?
E. Cataix	Hier, on m'a demandé de remplir une fiche pour dire à quels moments je veux travailler.
Vous	Oui. Ici, on choisit ses horaires. Pourquoi ? Ça ne se passait pas comme ça là où tu étais ?
E. Cataix	Non. On travaillait à heures fixes, les mêmes pour tout le monde.
Vous	Eh bien, il faudra t'habituer.

☞ Écoutez le dialogue.
a. Votre nouvelle collègue mange avec vous à la cantine. Là, on lui demande de choisir à l'avance les menus de toute la semaine, c'est-à-dire dès le lundi matin. Elle vous en parle.
b. Un jour plus tard, on lui donne une carte. Avec cette carte, elle va avoir des réductions de prix dans quelques magasins de la ville. Elle est étonnée et elle vous en parle.

Rédigez les deux dialogues puis dites-les.

Agir en français.

☐ COMMENT EXPRIMER UNE CERTITUDE, UNE OPINION OU UNE ÉVENTUALITÉ ?

Exprimer une certitude : Je sais qu'il viendra ce soir.
Exprimer une opinion : Je pense que la maison Dulac nous passera une commande.
ou
une éventualité : Je crois que M. Lefranc travaille au service des ventes.

☞ Cherchez le présent des verbes « croire » et « savoir » dans le précis grammatical.

On vous demande : « M. Lefranc est là ? »
Vous répondez en disant
— ce que vous savez (Ex. : « Non, je sais qu'il a pris l'avion hier soir. »)
— ce que vous croyez (Ex. : « Non, je crois (je pense) qu'il est sorti un moment. »)

Regardez le tableau ci-dessous. Cherchez les éléments qui vont ensemble, puis faites des questions et des réponses.

1. M. Lefranc est là ?	a. Leur catalogue n'est pas encore arrivé.
2. Je peux rencontrer M. Lefranc demain ?	b. Mme Duroc n'a pas encore envoyé le message.
3. Les travaux sont déjà commencés ?	c. Il attend des instructions de Paris.
4. Je cherche le catalogue de la maison Delignon.	d. Mlle Duval a déjà préparé le dossier.
5. M. Lefranc attend quelqu'un ?	e. M. Lefranc est parti en vacances.
6. Le message est parti ?	f. Ils commenceront lundi.
7. M. Moreau n'a pas encore fait de propositions ?	g. M. Lefranc ne sera pas là demain.
8. Il faut préparer quelque chose ?	h. Il attend un client étranger.

☞ Le voyage de Martine

a. Regardez.

Martine est partie pour Londres.
Elle a pris l'avion.
Elle restera peut-être jusqu'à lundi.
Elle nous écrira une carte. C'est sûr.
Elle rencontrera peut-être le directeur de notre filiale.
Elle parle bien anglais.
Je lui téléphonerai peut-être.
J'irai la chercher à l'aéroport, si c'est possible.

b. Dites ce que vous pensez, croyez et savez de Martine.

Ex. : Je sais que Martine..., etc.

Communiquer en français.

Vous travaillez dans une entreprise francophone, on vous remet ces notes internes.

De:direction des affaires générales à tout le personnel
commercial
Du 18 au 28 septembre 19..,l'entrée des bureaux ,54 rue
Pierre Maurel,sera fermée en raison des travaux qui vont
la transformer entièrement.En conséquence,toutes les personnes qui travaillent dans ces locaux utiliseront le
portail principal de l'entreprise.

De:service comptabilité à tout le personnel
A partir du premier janvier 19..,la loi interdit le paiement des salaires en espèces.En conséquence,tous les salaires seront payés sur un compte en banque,un compte
chèque postal ou un compte épargne.
Les personnes qui n'ont pas encore communiqué un numéro
de compte au service   comptabilité devront impérative-
ment le faire avant le 10 décembre 19.. .

De:direction du personnel à tout le personnel
Les représentants du personnel ont demandé la création
d'horaires variables .La direction du personnel est en
train d'étudier cette possibilité et un certain nombre
de renseignements sont nécessaires à cette étude.
Nous devons en particulier savoir:

-si vous êtes intéressé(e) par la possibilité d'un horaire
de travail variable;
-si vous êtes prêt(e) à accepter une solution mixte,
avec un horaire fixe certains jours,variable d'autres
jours;
-si,dans le cas d'un horaire entièrement variable,vous
pensez pouvoir envisager une certaine régularité dans
votre présence.

Nous vous demandons de répondre avant le 30 avril 19..
et d'utiliser le formulaire ci-joint.

☞ On vous demande de traduire ces notes dans votre langue.

Documents.

LES COMMUNICATIONS DE GROUPES

Pour se réunir à distance...

FAVORISER LES ÉCHANGES EN FACILITANT LE CONTACT

Parce que le travail devient chaque jour davantage une affaire d'équipe, que les contacts et réunions de toutes sortes ne cessent de se multiplier, parce que le développement, l'éclatement ou la décentralisation des entreprises tend à augmenter les distances entre les différents centres de décision ou d'activité, bref, pour favoriser les échanges entre des interlocuteurs de plus en plus nombreux et souvent dispersés...

Aujourd'hui, discuter et travailler ensemble tout en restant éloignés n'est plus une contradiction.
● Avec la **Réunion par téléphone,** jusqu'à vingt personnes peuvent converser ensemble sur le réseau téléphonique.
● L'**Audioconférence** (communication sonore et graphique) et la **Visioconférence** (communication audio-visuelle) offrent la possibilité de tenir de véritables réunions de travail à distance.

● La **Vidéotransmission,** véritable "médium de groupe" permet de transmettre et de projeter sur grand écran les images de congrès, colloques, ou autres manifestations en plusieurs lieux distincts.

Perfectionnez votre grammaire.

L'opposition du moment passé/présent/futur (42) (43) (44)

Vous avez fini... J'arrive... Je le signerai...

1/ *On vous dit :* « De nos jours, le client est roi. »
L'élève 1 demande : « Et il y a 5 ans ? » *L'élève 2 répond :* « Il y a 5 ans ? Il était déjà roi. » *L'élève 3 demande :* « Et dans 2 ans ? » *Et l'élève 4 répond :* « Dans 2 ans ? Il sera toujours roi. » Continuez.

1. Les gens voyagent beaucoup. 2. Leur entreprise a des difficultés. 3. Nous traitons les affaires par télex. 4. Nos usines produisent des voitures. 5. Je rencontre de nombreux francophones. 6. J'utilise beaucoup le français.

« y » : complément d'objet indirect (animé et non animé) (27)

Nous pensons à elle. Nous y pensons.

2/ *On vous demande :* « Vous faites attention aux numéros de production des articles ? » *Vous êtes étonné(e), alors vous dites :* « Aux numéros de production ? Si j'y fais attention ? Oui, bien sûr. » *Et si on vous demande :* « Vous faites attention aux nouveaux clients ? », *vous répondez :* « Aux nouveaux clients ? Si je fais attention à eux ? Oui, bien sûr. »

1. Vous vous habituez à votre nouvelle secrétaire ?/à votre nouveau bureau ? 2. Vous vous opposez à ses décisions ?/à votre chef de service ? 3. Vous pensez au courrier d'hier ?/à Mme Levatin ? 4. Vous comptez sur ses promesses ?/sur vos collègues ? 5. Vous tenez à vos fournisseurs ?/à votre poste ? 6. Tu t'intéresses à ta voisine ?/aux timbres ?

Le passé composé : verbes réfléchis pronominaux (38)

Je m'en occupe. Je m'en suis occupé.

3/ Regardez.
Le voisin *a promené* son chien.
Mais : Le voisin *s'est promené.*
Transformez les phrases suivantes.

1. Jean a amusé ses amis. 2. Le caissier a levé les bras. 3. L'employé a lavé la voiture. 4. Le directeur a excusé son erreur. 5. Le secrétaire a expliqué l'affaire. 6. Le patron a caché les documents.

Imparfait et passé composé, habituel/pas habituel (44)

Hier, on m'a demandé... Ça ne se passait pas comme ça.

4/ Un élève dit à un autre élève une phrase qui commence par : « Chaque jour (semaine, mois, année...) » ; un autre élève dit la même phrase en commençant par « Hier... »

Ex. 1ᵉʳ élève : « Chaque jour, je partais à 5 heures. » 2ᵉ élève : « Hier, je suis parti(e) à 5 heures. »

« Il y a » + passé composé/imparfait/présent (54)

Il n'y a que trois jours que je suis ici.

5/ Regardez les schémas p. 181. Sur ces modèles, faites un schéma pour chacune des phrases suivantes.

1. Il y a 5 ans que je travaille dans cette entreprise. 2. Il y a 6 mois que nous avons fait des travaux. 3. Il y a 3 semaines, M. Fannier était ici. 4. Il y a deux jours, j'étais à Lyon. 5. Il y a 15 jours que je suis arrivé(e) à Paris.

Cas professionnel.

Dans une entreprise francophone.

a. Imaginez une firme francophone dans votre pays :

nom
adresse, téléphone, etc.
de quoi est-ce qu'elle s'occupe, qu'est-ce qu'elle fabrique ou vend, etc.

b. Suivant ce que vous avez imaginé, complétez la lettre et le télex ci-dessous :

Messieurs,
Nous avons le plaisir de vous adresser ci-joint le
catalogue de nos produits pour l'année 19.. .
Vous pourrez constater que ....
1.pour les produits suivants:.............................
    ....
    ....
la qualité(...............) et la présentation(..
...........)restent les mêmes,mais que nos prix ont baissé
d'environ ....%.
2.nous offrons trois nouveaux produits dont nous rappelons
la description:................................
    ....
    ....
Nous restons à votre disposition pour tout renseignement
complémentaire et vous prions d'agréer,Messieurs,l'expression de nos...............................

SUITE VOTRE TELEX DU......,CONFIRMONS
CONDITIONS POUR PRODUITS SUIVANTS:
...........:REMISE...% PAR ENVOI DE ...
    :PAS DE REMISE POSSIBLE,
    LIVRAISON PAS AVANT...
...........:REMISE...% PAR ENVOI DE...
    ET DE ...% PAR ENVOI DE...
CONDITIONS VALABLES JUSQU'AU...
ATTENDONS COMMANDE FERME.
....

● Mettez cette lettre en page (en-tête, vedette, etc.), puis traduisez-la. Traduisez également le télex.

Situation 7 Rencontrer des francophones

Parlez-vous français ?

1 *Au téléphone*

La secrétaire	(*Voix dans le téléphone*) Monsieur Prinet ? J'ai en ligne monsieur Muller de Munich. Vous prenez ?
M. Prinet	Oui, je prends. (*déclic*) Allô ! monsieur Muller ? Je suis content de vous entendre. Je cherche à vous joindre depuis dix jours.
M. Muller	Oui, j'étais absent. Je ne suis ici que depuis avant-hier. Vous avez reçu ma lettre et les propositions ?
M. Prinet	Oui, mais je ne les ai reçues qu'hier. Je n'ai pas pu les étudier.
M. Muller	Je comprends. Vous allez à la Foire de Strasbourg ?
M. Prinet	Oui, j'y serai mercredi et jeudi prochains.
M. Muller	Parfait, moi aussi. Nous avons un stand. Voulez-vous que l'on s'y rencontre jeudi matin ? On discutera de nos affaires.

☞ Écoutez le dialogue puis répondez aux questions suivantes.
— Qu'est-ce que monsieur Muller a envoyé à monsieur Prinet ?
— Monsieur Prinet n'a pas étudié ces documents. Pourquoi ?
— Où iront monsieur Prinet et monsieur Muller ?
— Quels jours est-ce que monsieur Muller y sera ?
— Où est-ce que les deux messieurs se rencontreront ?
— Qu'est-ce qu'ils feront ?

2 *A la Foire de Strasbourg*

M. Muller	Voilà. Donc, nous sommes d'accord sur tous les points ?
M. Prinet	Tout à fait, mais confirmez-nous vos nouvelles propositions par lettre.
M. Muller	Je vous confirme tout ça lundi prochain. A propos, en venant ici, j'ai fait le voyage avec un ancien de votre maison qui, lui aussi, venait régulièrement à la Foire de Strasbourg.
M. Prinet	Ah bon ! Qui ?
M. Muller	Monsieur Duval. Vous l'avez connu ?
M. Prinet	Un peu. Quand j'ai commencé, il était dans la maison depuis vingt-cinq ans.
M. Muller	Et vous, vous y êtes depuis quand ?
M. Prinet	Depuis cinq ans. Je vous emmène déjeuner ?
M. Muller	Non, merci. Je suis désolé, mais je dois rester au stand.

☞ Écoutez le dialogue puis répondez à la question suivante.
Monsieur Muller et monsieur Prinet parlent de monsieur Duval. Qu'est-ce que vous savez de lui ? Cherchez dans le dialogue.

Agir en français.

☐ COMMENT EXPRIMER UN REFUS ?

On ne dit jamais « Non » tout seul.
On donne une raison, une explication.

Non,	merci, Monsieur, Madame,	je suis navré(e) je suis désolé(e) je regrette je vous prie de m'excuser	mais...

☞ On vous invite à...   ... mais vous devez refuser.

On vous invite à...	... mais vous devez refuser.
1. aller au cinéma	a. Je suis malade, j'ai la grippe.
2. prendre un café	b. Nos délais de livraison sont de trois semaines.
3. venir à la Foire de Strasbourg	c. Je ne suis pas libre ce soir.
4. passer le week-end au bord de la mer	d. En ce moment, il y a beaucoup de travail chez nous.
5. aller dîner au restaurant de la tour Montparnasse	e. Nous attendons un coup de téléphone.
6. livrer immédiatement 5 tonnes de confiture de fraises	f. Je n'aime pas monter en haut des tours.

Faites une question et cherchez la réponse qui correspond.

☞ Vous êtes dans le service vente de votre entreprise. Vous recevez le coup de téléphone suivant.
« Allô ! Bonjour, Monsieur, vous vendez des tenues de sport ?
— Vous voulez dire des survêtements, shorts...
— Oui, tout à fait.
— Alors non, Madame. Je suis désolé, mais nous ne vendons que des appareils de sport.
— Tant pis. Au revoir, Monsieur.
— Au revoir, Madame. Je regrette. »

Redites le dialogue. Faites les changements suivants.

articles demandés	*précisions demandées*	*articles vendus*
articles féminins	robes, jupes, etc.	sacs à main et autres articles en cuir
engins à moteur	motos	bicyclettes
dériveurs	bateaux à voile	bateaux à moteur
articles de papeterie	papier, gommes, crayons	meubles de bureau

Communiquer en français.

Après leur rencontre à la Foire de Strasbourg (voir p. 94), M. Muller envoie à M. Prinet la lettre suivante.

Cher Monsieur,

Comme suite à mon courrier du 22 septembre 19.. et conformément aux discussions que nous avons eues à Strasbourg, j'ai le plaisir de vous communiquer les nouvelles propositions et conditions concernant la fourniture de mobilier moderne.

désignation des pièces:fauteuil de salon BX 292

quantité   :50(au lieu de 20)

prix H.T.   :810 D.M.(au lieu de 825 D.M.)

transport   :franco frontière franco-allemande (au lieu de ex usine)

livraison   :garantie avant le 15 novembre pour toute confirmation parvenant avant le 15 octobre

paiement   :par traite à 60 jours(Crédit Lyonnais/Commerzbank) (au lieu d'un paiement comptant)

J'ai fait mettre la marchandise de côté à votre intention. Je vous serai reconnaissant de me confirmer dès que possible votre commande.

Je reste à votre disposition pour tout renseignement complémentaire et vous prie d'agréer,cher Monsieur, l'expression de mes sentiments dévoués.

Muller

M. Prinet répond immédiatement.

☞ **a.** Regardez et complétez avec les points de l'offre.

Cher Monsieur,

En réponse à votre lettre du 5 octobre, je vous confirme la commande ci-dessous :

....

....

....

Je vous remercie de l'attention que vous apporterez à l'exécution de cette commande et vous prie d'agréer, Cher Monsieur, l'expression de mes sentiments distingués.

Prinet

b. Mettez la lettre en page.
Voici l'adresse de la maison Muller :
Muller AG., Neuhauserstr. 2, D-8000 München
Et voici l'adresse de M. Prinet : Établissements Prinet et Cie, 54, avenue Lamartine, B.P. 592, F-10008 Troyes Cedex (tél. 25.79.91.91, télex . 840 592F)

c. Refaites ces lettres en mettant les articles de la page 95 (dernier exercice).
Imaginez les quantités, les prix, etc.

Documents.

LA RÉUNION PAR TÉLÉPHONE

"La réunion par téléphone idéale pour aller vite"

"Nous sommes un organisme public qui coiffe dix antennes régionales. Leurs responsables ont à se concerter fréquemment sur des problèmes précis et urgents. La réunion par téléphone apporte la réponse adéquate. Nous l'utilisons en moyenne deux fois par semaine, en général pour des échanges d'une demi-heure environ."

Tarifs provisoires du service expérimental
Réservation : 10 francs
Mise à disposition : 5 francs par période de 15 minutes.
Communications :
• participants de la circonscription de taxe : une taxe de base par 5 minutes ;
• autres participants : tarif des communications téléphoniques interurbaines ou internationales.

Un outil de dialogue
La réunion par téléphone convient particulièrement bien à l'établissement de contacts réguliers entre personnes dispersées, ou pour traiter des affaires pressantes. Elle permet, par exemple, de :
• diffuser promptement une information ;
• prendre tous les avis nécessaires à une décision ;
• résoudre un problème urgent.

Jusqu'à vingt personnes
La réunion par téléphone met en relation jusqu'à vingt personnes, sur le réseau téléphonique. Ainsi, tout abonné peut-il très facilement participer à une réunion par téléphone en utilisant son poste téléphonique, un téléphone de voiture, ou même une cabine publique.

Un service expérimental
Des dispositions de réunion par téléphone fonctionnent déjà à Marseille, Nice, Toulon, Digne, Montpellier et Nantes. Plusieurs autres villes seront prochainement équipées.

Une simple réservation
Pour organiser une réunion d'information, il suffit de la réserver au plus tard 24 heures à l'avance, en précisant sa durée et le nombre de participants. Au jour et à l'heure convenus, les interlocuteurs composent le numéro confidentiel de la réunion par téléphone et se trouvent immédiatement en relation. Ils peuvent discuter à loisir pendant le laps de temps prévu. Un signal sonore, cinq minutes avant la fin, annonce le terme de la communication.

L'AUDIOCONFÉRENCE

"Avec l'Audioconférence, nous gagnons sur toute la ligne".

"Nous sommes une société de service et de conseil spécialisée en informatique de gestion. Les équipes de nos trois centres d'exploitation, Vélizy, Orléans et Toulouse, travaillent très souvent en commun. Depuis que nous avons équipé ces trois centres en audioconférence, nos informaticiens se réunissent fréquemment sans perdre de temps. Autre avantage : une économie de moitié sur le budget déplacement !"

Les tarifs
Télécentres :
• Location d'un télécentre : forfait 280 F T.T.C. par heure et par studio.
• Ou abonnement mensuel : 700 F T.T.C. par studio et 170 F T.T.C. par heure et par studio.
Studios privés :
• Équipements de salle en location-entretien ou vente.
• Tarifs du réseau CADUCÉE (ou liaison spécialisée).

Pour travailler efficacement à distance
L'audioconférence permet de réunir efficacement deux, trois ou quatre groupes éloignés. Les participants dialoguent librement (duplex intégral), peuvent identifier leurs interlocuteurs, échanger des documents en télécopie, ou travailler sur des graphismes comme au tableau avec la téléécriture.

Gain de temps, économies pour l'entreprise
Les avantages sont indiscutables. Plus faciles à organiser, les réunions peuvent être plus fréquentes ou mieux préparées. Chacun gagne du temps et s'épargne d'inutiles fatigues. Autre avantage : de sérieuses économies sur les frais de déplacement.

Télécentres et studios privés
Les Télécommunications offrent un réseau de 67 studios publics d'audioconférence implantés dans les principales villes de France. Ces "Télécentres" sont accessibles à tous par simple réservation préalable. Beaucoup d'entreprises souhaitent cependant disposer de leurs propres studios. Elles s'équipent alors de "studios privés".

Perfectionnez votre grammaire.

La place des pronoms au passé composé (24)

Je ne les ai reçus que ce matin.

1/ *On vous demande :* « Vous avez reçu les documents ? »
Vous répondez : « Oui, je les ai reçus hier. »
Pour vos réponses, employez : la semaine dernière/il y a 8 jours/avant-hier/le mois dernier/l'an dernier/il y a 6 mois.

1. Vous avez vu le fournisseur ? 2. Vous avez choisi la couleur ?
3. Vous avez reçu les échantillons ? 4. Vous avez appris la nouvelle ?
5. Vous avez étudié les comptes ? 6. Vous avez écrit les lettres ?

La place du pronom complément indirect (24)

Confirmez-nous. Je vous confirme.

2/ Comparez.
Client : « Répondez-nous tout de suite. »
Fournisseur : « Pouvez-vous nous répondre tout de suite, s'il vous plaît ? »
Le fournisseur veut dire la même chose que le client. Imaginez ses paroles. Utilisez les expressions ci-dessous.

Ce que dit le client	*Ce que dira le fournisseur*
Téléphonez-moi demain. Envoyez-lui une autre facture. Écrivez-nous. Postez-la ce soir. Confirmez-le par lettre. Lisez-les immédiatement.	Pouvez-vous... Voulez-vous... Est-ce que je peux vous demander de...

L'imparfait, expression de l'habitude (44)

... qui venait régulièrement à la Foire de Strasbourg.

3/ Regardez.
« Quand j'étais petit, j'allais souvent chez mes grands-parents, je jouais dans le jardin, je regardais la télévision, etc. »
A vous. Terminez les phrases suivantes.

1. Quand j'habitais... 2. Pendant longtemps, chaque été... 3. Je me souviens que mes parents... 4. D'habitude, dans notre famille, ... 5. Quand je n'allais pas à l'école, ... 6. Chez ma grand-mère, d'habitude, ...

L'imparfait, expression de la durée (44)

Quand j'ai commencé, il était dans la maison depuis 25 ans.

4/ Groupez les éléments qui vont ensemble. Mettez les verbes de la colonne 2 à l'imparfait.

1. Quand vous êtes passé(e) la prendre...	a. ... la maison refuse des commandes depuis 2 jours.
2. Quand le chef de service a remarqué son absence...	b. ... je suis chez moi depuis 3 heures.
3. Quand Gérard m'a enfin téléphoné...	c. ... la commande attend depuis 3 semaines.
4. Quand on a augmenté la production...	d. ... la secrétaire est malade depuis 4 jours.
5. Quand on l'a envoyé à la banque...	e. ... le chèque est signé depuis un mois.
6. Quand le client en colère a téléphoné...	f. ... la documentation est prête depuis 10 jours.

L'expression de la durée : du passé au présent (55)

Je cherche à vous joindre depuis 10 jours. Je ne suis ici que depuis avant-hier.

5/ Regardez.

« Nous sommes à Paris depuis 8 jours.
Il y a 8 jours que nous sommes à Paris.
Nous sommes à Paris depuis le 25 septembre. »

a. Dites depuis combien de temps vous habitez votre ville, votre maison, vous avez un frère, une sœur, un vélo, une moto, vous allez à l'école, vous vous intéressez à la musique, vous apprenez le français, vous savez taper à la machine...

b. Notez par écrit 6 à 8 phrases.

Cas professionnel.

1 Une entreprise de votre ville envoie une demande d'offre à l'entreprise française Lebeau qui répond par l'offre suivante :

Bordeaux, le 4 juin 19..

Messieurs,

Nous avons bien reçu votre lettre du 30 mai et nous vous remercions de la confiance que vous nous témoignez. Nous avons le plaisir de vous informer qu'il nous est possible de vous fournir la machine X/3701/B au prix de 360 000francs français H.T.

La livraison se fera deux mois après réception de la commande ferme. Le transport se fera par chemin de fer. En ce qui concerne le paiement, nous vous proposons de régler un tiers du montant de la facture à la commande, un tiers à la livraison et un tiers à trois mois.

Dans l'attente de votre commande, nous vous prions de croire, Messieurs, à l'expression de nos sentiments dévoués.

Maurice Lebeau
Chef des ventes

2 L'entreprise de votre ville décide d'acheter cette machine. Voici les éléments de la commande par télex :

```
VOTRE OFFRE DU 4 JUIN 19..
COMMANDER-CONDITIONS DE VOTRE OFFRE-
MACHINE X/3701/B-ATTENDRE CONFIRMATION
SALUTATIONS
```

● Écrivez le télex complet.

● La maison Lebeau envoie sa confirmation. Rédigez-la.

Parlez-vous français ?

Vous devez partir faire un stage en France dans une entreprise qui travaille avec celle qui vous emploie.

1

Vous	Je dois venir en stage la semaine prochaine.
Une secrétaire	....
Vous	Vous avez retrouvé mon nom ? C'est bien. Alors mon stage commence quand ?
La secrétaire	....
Vous	Mardi, le 2 donc. A quelle heure ?
La secrétaire	....
Vous	8 heures. C'est l'horaire normal, chaque jour ?
La secrétaire	....
Vous	D'accord. 8 heures-midi, 2 heures-6 heures, et le vendredi, 2 heures-5 heures. Et le stage durera jusqu'à quand ?
La secrétaire	....
Vous	C'est-à-dire le vendredi soir, pendant presque trois semaines, donc. Je pense qu'il faut que j'arrive un peu avant.
La secrétaire	....
Vous	C'est entendu, je passerai vous voir le lundi après-midi. »

☞ **a.** Reconstituez le dialogue.
b. Jouez le dialogue. Faites varier les jours, les dates, les heures.

Vous êtes en France. L'entreprise a réservé une chambre pour vous chez un particulier, sans préciser la date exacte de votre départ.

2

Vous	Bonjour, Madame. Je viens de la part de la maison Usilor. M. Bontemps vous a téléphoné, je crois.
Mme Romet	Oui, c'est pour une chambre, n'est-ce pas ? Mais quand il a téléphoné, la télévision marchait et je n'ai pas très bien entendu. C'est pour trois semaines, je crois ?
Vous	Pas tout à fait. Je repars le 19 au soir.
Mme Romet	D'accord. C'est toujours pareil, les stagiaires ne restent jamais le dernier week-end. Vous avez peur de ne pas être bien ici ?
Vous	Ce n'est pas ça, Madame, mais je reprends mon travail chez moi le lundi suivant. Je voudrais bien rester plus longtemps, mais je ne peux pas.
Mme Romet	Très bien. Venez, je vais vous montrer votre chambre. Vous savez, c'est une maison calme, ici.

☞ Un(e) stagiaire arrive dans un petit hôtel et s'adresse à la patronne. Imaginez la scène et racontez-la.

Agir en français.

☐ COMMENT EXPRIMER UN DÉSIR, UN SOUHAIT ?

On souhaite faire ou avoir quelque chose.

Je voudrais	trouver une place comme stagiaire.
	faire un stage en France, au Canada.
Je souhaiterais	partir en vacances en septembre.
	aller à la discothèque.
J'aimerais	réserver une table pour deux personnes.
	recevoir votre catalogue.
	visiter la Foire de Strasbourg.

Attention ! Pour exprimer un désir, il faut le conditionnel.

☞ Regardez les formes du conditionnel présent page 177 puis faites des dialogues.
Ex. : 1er élève : « Je voudrais visiter la Foire de Strasbourg. »
2e élève : « Moi aussi, j'aimerais visiter la Foire de Strasbourg. »
3e élève : « Moi, par contre, je n'aimerais pas visiter la Foire de Strasbourg, j'aimerais visiter le Salon de l'automobile. »
Continuez.

On souhaite que quelqu'un fasse quelque chose.

Pourriez-vous	me passer M. Dulac, chambre 359 ?
	me prêter le dictionnaire ?
	me dire l'heure ?
Voudriez-vous	venir vers 15 heures ?
	me donner votre adresse ?
	nous envoyer votre catalogue ?
Seriez-vous assez aimable de	nous donner des prospectus de la ville ?
	me dire où il y a une banque ?
	envoyer un télex à notre filiale de Lyon ?
	chercher la documentation ?

☞ Faites des dialogues.
Le 1er élève pose la question : « Pourriez-vous me passer M. Dulac, chambre 359, s'il vous plaît ? »
Le 2e élève fait une réponse affirmative : « Oui, bien sûr, Monsieur. Ne quittez pas. »
Le 3e élève fait une réponse négative : « Je regrette, Monsieur, mais M. Dulac n'est pas dans sa chambre. »

Continuez (pour les réponses négatives, regardez p. 95).

Communiquer en français.

entr. textile ,région Lille,
prend été stag. non rémun.(log.,
nourrit. midi) employé de bureau
parlant espagnol pour trav. traduction.
Ecr. journal n°42415

JEUNE FEMME, SECRET. BILINGUE,
CHERCHE TRA

Rouen, le 27 mai 19..

Messieurs,

En réponse à votre annonce 42515, j'ai l'honneur de vous faire savoir que je suis intéressée par votre offre de stage non rémunéré pour l'été prochain. Je parle couramment l'espagnol, qui est ma langue maternelle, et possède une bonne connaissance du français. Je joins à cette lettre un curriculum vitae et serai heureuse d'obtenir des renseignements complémentaires sur le déroulement du stage (dates, lieu exact...). Je vous remercie de l'attention que vous apporterez à ma demande et vous prie d'agréer, Messieurs, l'expression de mes sentiments dévoués.

Vous cherchez un stage.

☞ Complétez la lettre ci-contre.

Messieurs,
   Je suis étudiant(e)/élève de ... année à l'école ... en ... .
J'étudie les matières commerciales depuis ... et le français
depuis ... .Je dois terminer mes études ... . Je cherche pour
la période du ... au ... un stage,si possible rémunéré,en France
pour effectuer un travail avec des travaux de traduction.
Si ma proposition vous intéresse,il me sera possible de vous
faire parvenir des attestations de mes professeurs ,en particulier
ceux de ... et de ... , matières où mes résultats sont particulièrement bons.
Je joins à cette lettre un curriculum vitae et reste à votre disposition
pour tout renseignement complémentaire.
Je vous remercie ...

☞ Répondez à cette annonce
   (pour le curriculum vitae,
   voir p. 103).

Société Taxamat ,92,avenue Garnier
67007 Lyon,propose stage étudiant commerce
étranger langue allemande . Printemps.
Rémunération + repas midi. Travail de
bureau. Ecrire avec C.V.
Annonce n°273456

Documents.

```
                    CURRICULUM VITAE
```

```
      SILVA Antonio
      Rua Morais Soares 15-1 Esc.
      LISBOA


RENSEIGNEMENTS D'ORDRE GENERAL
      Né le 28 février 19.. à Lisbonne (21 ans)
      Célibataire
      Père : commerçant ; Mère : sans profession


FORMATION
      19..-19.. : Cours préparatoire : Ecole Francisco Aruda - Lisbonne
      19..-19.. : Cours général et complémentaire : Ecole Commerciale
                  Patricio Prazeres - Lisbonne
      juin 19.. : Diplôme de Secrétariat et Relations publiques
                  Qualifications professionnelles : Sténo-dactylo
                                          (150 mots/minute)
                                        : bonnes connaissances
                                          de classement

                  Langues étrangères : français : lu, écrit, parlé
                                                   couramment
                               anglais  : lu et parlé


EXPERIENCE
      été 19.. : stage en cours d'études (2 mois) dans le service des
                 ventes de la Société GUIMARENS - VINHOS S.A.R.L. ,
                 rua do Prior, 99 VILA NOVA DE GALA : relations avec
                 les importateurs français.

      printemps 19.. : stage de fin d'études (3 mois) dans le service
                 du personnel de la Banco Nacional L'Itramarino, Praça
                 da Liberdade, 131 - 142 LISBOA : chargé du classement.


RENSEIGNEMENTS DIVERS
      Service militaire effectué du 1er juillet 19.. au 30 septembre 19..
      Plusieurs voyages en France.
```

Antonio Silva a aujourd'hui 21 ans.
— Il a été au cours préparatoire de 11 ans à 16 ans, au cours général de 16 à 20 ans.
— Il a obtenu son diplôme à 20 ans.
— Lorsqu'il a fait son stage de deux mois, il avait 19 ans ; pour son stage de trois mois,
  il avait 20 ans et il a accompli son service militaire de 20 à 21 ans.
Complétez toutes les dates sur son curriculum vitae.

Perfectionnez votre grammaire.

**L'article et le nom :
genre et nombre
(10) (11)**

Les stagiaires ne restent jamais le dernier week-end.

1/ Mettez au féminin, puis au pluriel, puis au masculin pluriel.
Ex. : un serveur arrive - une serveuse arrive - des serveuses arrivent
- des serveurs arrivent.

1. Un employé arrive. 2. Le touriste attend. 3. Un professeur te
demande. 4. Un locataire est venu. 5. Le secrétaire part demain. 6. Le
directeur choisit un collaborateur.

**Le futur, certitude
et probabilité
(43)**

Je dois venir en stage. Mon stage commencera quand ?

2/ Comparez.
Il viendra quand ? *(certitude)* / Il doit venir demain. *(probabilité)*
Vous entendez : « Il viendra quand ? » *Puis :* « Demain. »
Et vous répondez : « Il doit venir demain. »

1. La firme livrera quand ? (la semaine prochaine) 2. Le directeur
partira quand ? (dans quinze jours) 3. L'entreprise ouvrira quand ?
(au mois de mars) 4. Le client reviendra quand ? (dans deux semaines)
5. La commande partira quand ? (ce soir) 6. La confirmation arrivera
quand ? (dans la semaine)

**Imparfait et passé
composé, moment
précis/action qui
dure
(44)**

Quand il a téléphoné, la télévision marchait.

3/ Faites autant de phrases que possible.

	moment précis		*action qui dure*
Quand Au moment où Lorsque	le chef de service est entré la secrétaire a appelé le directeur est venu l'employé m'a prévenu(e) le signal a sonné le client a téléphoné	je	vérifiais les comptes réparais la machine rangeais mes affaires me préparais à partir relisais le rapport ne faisais rien

**L'expression de la
durée : du présent
au futur
(55)**

Le stage durera jusqu'à quand ? Pendant presque trois semaines.

4/ Dites pendant combien de temps vous allez être en classe/étudier
le français/habiter chez vos parents, etc.
Gardez par écrit 6 à 8 phrases.

**Les adverbes :
temps et lieu
(45)**

Il faut que j'arrive avant.

5/ Donnez le contraire des phrases suivantes.
Ex. : Nous nous levons tôt. — Nous nous levons tard.

1. Les enfants mangent avant. 2. Mettez-le dessus. 3. Vous êtes trop
loin. 4. Ils sont derrière. 5. Nous ne prenons jamais le train. 6. Ils
vont partout.

Cas professionnel.

Vous travaillez dans une entreprise francophone de votre pays. Votre directeur va vous envoyer en stage à la maison mère.

1 Dans une entrevue que vous avez avec votre directeur, vous lui posez plusieurs questions. Vous voulez des renseignements sur :

— les dates du stage
— le service
— l'activité
— la rémunération
— la nourriture
— les déplacements (frais)

● Imaginez cette entrevue. Comment demanderez-vous toutes ces précisions ?
— « Pardon, Monsieur, je vous prie de m'excuser, mais est-ce que... »
— « Pardon, Monsieur, est-ce que vous pourriez me dire... »
— « Pardon, Monsieur, pourriez-vous me dire... »
Complétez et continuez.

2 Le directeur n'a pu vous fournir que des renseignements imprécis. Il vous demande d'écrire à la maison mère.

● Rédigez la lettre à l'aide des éléments suivants.

A l'attention de M. Grenier
Monsieur,
Le directeur de mon entreprise, M. Duval, m'a informé que je dois accomplir un stage sous votre responsabilité, dans votre Société du... au...
Afin de me permettre de mieux préparer ce séjour, je vous serais reconnaissant de bien vouloir répondre aux questions ci-après :
. . . .
. . . .
. . . .
. . . .
. . . .
Je vous remercie . . . .

3 Vous envoyez un télex annonçant votre arrivée :

Attention M. Grenier — M./Mlle... arrivera ... pour accomplir un stage ... — salutations.

● Rédigez le télex.

LES AVENTURES DE FRANCOFIL

Chapitre 3

Dans une entreprise industrielle

Parlez-vous français ?

Vous êtes employé(e) dans une entreprise de votre pays qui exporte dans des pays francophones. Vous téléphonez à un de vos collègues de la maison Optic 2000, à Lyon, qui est votre concessionnaire en France.

1

Vous	Allô ! monsieur Germain ? Bon, ça y est, la décision est prise.
M. Germain	La décision ? A propos des nouvelles montures ?
Vous	Oui, la note est arrivée hier. On va vendre des lunettes à la mode !
M. Germain	Nos représentants attendent ça. Je les préviens immédiatement.
Vous	Moi, j'ai déjà prévenu les nôtres par téléphone.
M. Germain	Et les détaillants ?
Vous	On les préviendra après. On fera une circulaire.

☞ On parle de « concessionnaires », de « représentants » et de « détaillants ». Est-ce que vous avez compris leur rôle ? Oui ? Alors, complétez ce que dit M. Germain, directeur de l'entreprise Optic 2000 :
« Nos... assurent le contact entre notre maison et les... Pour nos exportations aux États-Unis, nous avons un... à New York. »

2

Vous	Bon, alors... pour la circulaire...
M. Germain	Je la fais tout de suite et je vous envoie une copie.
Vous	Ou bien, vous me la donnez si vous allez à la Foire de Cologne la semaine prochaine.
M. Germain	Cologne ? Non, j'en viens. C'est plus simple de vous envoyer la circulaire.
Vous	Attendez ! Tous les modèles prévus ne seront pas fabriqués. Vous avez la liste ?
M. Germain	Un instant, je vous prie... Voilà. Je vous écoute.
Vous	Je vous donne les références des modèles qui doivent être enlevés.

☞ Voici la liste de M. Germain :

1. RBX 22696	4. ESX 22733	7. NPR 33255	10. STR 33418
2. LPX 22699	5. MCX 22740	8. BOR 33264	11. GCR 33421
3. PAX 22725	6. VRX 22744	9. DHR 33414	12. FVR 33430

a. Écoutez les références des modèles qui doivent être enlevés.
b. M. Germain, pour vérifier, relit la liste des nouvelles montures qui restent. Faites-le à sa place.

☞ Pour résumer.
1. Depuis 10 ans, la maison fabrique des... 2. Cette année, la direction a pris la décision de... 3. Le premier projet prévoyait 12... différentes. 4. Et le projet actuel ?...

Agir en français.

☐ COMMENT DÉCRIRE UN PRODUIT ?

PREMIER PRIX

1195ᶠ

Le moins cher
de nos radio double-cassette.

Forme	rond - carré - rectangulaire - ovale - droit/tordu *Ex.* : La table est ronde. Le lit est rectangulaire.
Consistance et résistance	mou/dur - rigide/souple/élastique - résistant/fragile/solide *Ex.* : Le verre est dur, rigide et fragile tandis que le cuir est mou, souple et résistant.
Couleur	blanc - noir - bleu - rouge - jaune - vert - gris - marron - orange - rose, clair/foncé *Ex.* : Sa voiture est gris foncé.
Matière	métal - fer - acier - cuivre - or - argent - plastique - papier - carton - verre - bois - cuir - coton - laine *Ex.* : Une chaise en fer, une robe en laine
Taille	petit/grand - haut/bas - long/court - mince/épais *Ex.* : Leur maison est basse, très longue et très grande.
Poids	lourd/léger *Ex.* : Ce tissu est léger.

B
le lot de 8
159ᶠ

Le lot de 8 boîtes

☞ Regardez les photos de cette page
et décrivez les objets.
Imaginez les couleurs.

K **825ᶠ**

EN PROMOTION
345ᶠ
LE LIT EN 90

250ᶠ
J

H

EN PROMOTION
945ᶠ
L'ARMOIRE 2 PORTES

GAGNEZ 200 F EN ACHETANT
LIT + ARMOIRE + CHEVET

I 250ᶠ

719

L

POUR LES JUNIORS,
UNE CHAMBRE A PETITS PRIX
En panneaux surfacés mélaminés sur
2 faces blanc ou imitation pin. Livrée
prête à monter avec notice.

H Le lit en 90 x 190 cm.
Haut. 55, larg. 93, long. 192,5 cm.
Blanc : 973.2550. 345,00 F
Imit. Pin : 973.2553. 345,00 F
Le sommier métallique en 90 x 190 cm.
Cadre acier laqué. Ressorts plats ondulés.
973.4269. 235,00 F
Le matelas en 90 x 190 cm.
En mousse de polyuréthane épaisseur 10 cm.
Housse 100% polyamide.
973.4277. 280,00 F

I Le tiroir de lit petit modèle.
Haut. 20, long. 94,5, prof : 64 cm.
Blanc : 973.0522. 250,00 F
Imit. pin : 973.0525. 250,00 F

J Le chevet 1 tiroir.
Haut. 46,5; larg. 45, prof. 33 cm.
Blanc : 973.2676. 250,00 F
Imit. pin : 973.2679. 250,00 F

K Le bureau + étagère.
Le bureau : un grand tiroir, un rangement a
tablettes. Haut. 75, larg. 100, prof. 55 cm.
L'étagère à poser : larg. 100, haut. 50, prof.
20 cm.
Blanc : 973.2714. 825,00 F
Imit. pin : 973.2717. 825,00 F

L L'armoire 2 portes.
1/2 lingère : 3 tablettes. 1/2 penderie :
1 barre métallique. Fermeture loqueteau magné-
tique. Larg. 90, haut. 165, prof. 53,5 cm.
Blanc : 973.2693. 945,00 F
Imit. pin : 973.2696. 945,00 F

Gagnez 200 F en achetant
la chambre complète :
1 lit en 90 + 1 armoire + 1 chevet.
Blanc : 973.4285. 1340.00 F
Imit. pin : 973.4288. 1340.00 F

Communiquer en français.

Voici la copie de la lettre circulaire que M. Germain vous envoie.

A tous les représentants et détaillants de la maison Optic 2000.

Nous sommes heureux de vous informer qu'à partir du premier janvier prochain la gamme des produits que vous nous fournissons va être modifiée de la façon suivante:

1- Seront retirées du marché les montures:

RBV 11696	NPM 30255
LPV 11699	DHM 30414
PAV 11725	GCM 30421

2- Seront introduites sur le marché les montures:

RBX 22696	BOR 33264
LPX 22699	STR 33418
PAX 22725	GCR 33421
MOX 22740	FVR 33430

Nous vous adressons ci-joint notre catalogue où vous trouverez une description de chaque article ainsi que des photos de toutes les montures.

Ce changement correspond, nous l'espérons, à la modernisation de nos produits que vous attendez. Nous serons heureux de recueillir vos observations sur nos nouveaux modèles et vous remercions à l'avance de vos remarques.

Le directeur des ventes

☞ Voici ce que les représentants liront dans le catalogue.

MONTURES RBX 22696 : ovales, fines, toutes couleurs
MONTURES LPX 22699 : ....
MONTURES PAX 22725 : ....
MONTURES MCX 22740 : ....
MONTURES BOR 33264 : ....
MONTURES STR 33418 : ....
MONTURES GCR 33421 : ....
MONTURES FVR 33430 : ....
Imaginez et décrivez chacune de ces montures.

☞ Un de vos amis travaille dans une maison qui exporte des bicyclettes. Lui aussi, il doit écrire une circulaire. Aidez-le. Écrivez la lettre à sa place.

Documents.

SI CELA STERILISE ! SI CELA ADOUCIT ! SI CELA IMPERMEABILISE ! SI CELA LAVE ! SI CELA PARFUME ! SI CELA DISSOUT ! SI CELA DESINFECTE ! SI CELA RAFRAICHIT ! SI CELA COLORE ! SI CELA CONSERVE ! SI CELA ASSEMBLE ! SI CELA DETACHE ! SI CELA COLLE ! SI CELA PROTEGE ! SI CELA NETTOIE ! SI CELA HUMIDIFIE ! SI C'EST DE LA QUALITE ! SI CELA CONTRIBUE

A AMELIORER VOTRE VIE QUOTIDIENNE, CELA POURRAIT BIEN VENIR DE HENKEL FRANCE !

Henkel en France, c'est notamment :
Lessives : Super Croix, X'tra.   *Lavages délicats* : Mir Laine, Mir Couleurs, Mohair.   *Entretien ménager* : Bref, Polifix.
Cosmétiques : Fa, Cache-Cache, Dentifrice Tera-xyl, Diadermine, Cypris.   *Produits pour collectivités : lavage, hygiène, désinfection.*
P 3 : Produits pour l'hygiène dans l'agriculture et l'industrie alimentaire, produits pour le traitement des surfaces et de l'eau.
Colles et adhésifs : pour l'industrie, l'artisanat, le grand public (Perfax, Pattex, Ponal, Stabilit,.Pritt).
Produits organiques : dérivés issus de la chimie des corps gras.

Henkel France : 1360 personnes. Chiffre d'affaires : 1,1 milliard de francs, 2 usines à Reims et à Châlons-sur-Marne.
Groupe Henkel : 33 000 personnes, dont 2000 chercheurs. Chiffre d'affaires : 17 milliards de francs. Produits : 8000.
Filiales : 100 dans 40 pays.

1. Relevez tous les verbes. Essayez de deviner leur sens.
2. A quels produits font penser les symboles ?
3. Traduisez les phrases soulignées.

Perfectionnez votre grammaire.

L'expression du lieu : adverbes et prépositions (52)

... à Lyon.

1/ Regardez.

Il marche devant. — Il marche devant nous, devant les autres, devant son père.

Il habite loin. — Il habite loin de la gare, loin de Maurice, loin de l'école.

Il est partout. — ....

.... — Il vit en ville.

1	2	3	4
devant/devant nous	loin/loin de la gare	partout/...	.../en
....	....	....	.....
....	....	....	.....

Dans quelle colonne classez-vous les mots suivants ?
à droite/à gauche - derrière - ici/là - près - dans - sur - autour

Le passé composé : accord du participe passé avec « être » (38)

La note est arrivée hier.

2/ Regardez.

— Il est tombé dans l'escalier./Elle est tombée dans l'escalier.
— Il est retourné à l'école./Ils sont retournés à l'école./Elles sont retournées à l'école.

Faites par écrit l'exercice 5, page 75 et l'exercice 3, page 92. Vous mettez les phrases : au féminin singulier puis au féminin et masculin pluriels.

Accompli/non accompli (54)

Je les préviens. J'ai déjà prévenu.

3/ Faites deux phrases pour chaque groupe de mots.
Ex. : il - finir - son travail.
→ Il finit son travail (le travail n'est pas encore fini). → *non accompli*
→ Il a fini son travail (le travail est déjà fini). → *accompli*

1. nous - rendre - les documents 2. nous - envoyer - la marchandise
3. la comptabilité - faire - la facture 4. la maison - retourner - votre chèque 5. je - terminer - la lettre 6. nous - faire - le nécessaire

Les adverbes : adverbes de manière, adjectif + -ment (46)

Je les préviens immédiatement.

4/ Transformez les adjectifs en adverbes. Vous devez également modifier la construction de la phrase.
Ex. : Sa réaction a été lente. → Il a réagi lentement.

1. La réaction de l'employé a été vive. (L'employé...) 2. Le départ du client a été brusque. (Le client...) 3. L'explication du guide a été claire. (Le guide...) 4. L'installation des bureaux est confortable. (Les bureaux...) 5. L'accueil du directeur a été froid. (Le directeur...)

« en »
(28)

Cologne ? J'en viens.
5/ Regardez.

<u>Il</u>   <u>vient</u>   <u>de</u>   Venise.   <u>Il</u>   <u>en</u>   <u>vient</u>.
sujet + verbe + <u>de</u> + lieu   sujet + <u>en</u> + verbe

On vous dit : « Je viens de Bruxelles. »
Vous demandez : « Ah bon ! et vous en venez directement ? »

1. Ces fruits arrivent frais de Côte d'Ivoire. 2. Les employés descendent du bureau. 3. Le vol par d'Orly Sud. 4. Mes filles rentrent de New York. 5. Ma secrétaire revient de vacances. 6. Mon collègue sort de l'hôpital.

Pour vos questions, choisissez dans la liste ci-dessous : bronzée - à quelle heure - par avion - contentes - guéri - par l'ascenseur

Cas professionnel.

Quelles différences y a-t-il entre ces deux photos ?

Une <u>maison</u> française envoie une lettre circulaire à ses représentants pour leur donner les renseignements suivants :

— elle continue la production de ses « chaises campagne » ;
— cependant, il y a un léger changement dans les prix et les références ;
— elle joint une liste des changements (*Ex. :* l'article « chaise campagne teintée » : le lot de 2, réf. 8835030 à 510 F devient...).

● Rédigez la lettre circulaire et la liste jointe.

Parlez-vous français ?

Monsieur Rousseau travaille dans une entreprise française qui doit vous livrer des produits. Vous lui téléphonez.

1

Vous	Quand je vous ai téléphoné, la dernière fois, vous vous occupiez de notre commande de 14 tonnes de beurre.
M. Rousseau	Oui, 14 tonnes de beurre pasteurisé, 82 % de matières grasses, 1ʳᵉ qualité. Je m'en occupais depuis plusieurs jours et l'expédition a été faite hier.
Vous	Ah ! très bien. Par camion frigorifique ?
M. Rousseau	Non, par rail, en wagon frigorifique.
Vous	Il y a plusieurs lots, je pense.
M. Rousseau	Oui, trois. Je vous donne le détail ?
Vous	S'il vous plaît. Je vous écoute. Allez-y.

☞ Notez les références des lots.

Lot numéro	code........	B.P.	.... tonnes
Lot numéro	code........	B.P.	.... tonnes
Lot numéro	code........	B.P.	.... tonnes

2

M. Rousseau	Il y a aussi 534 kg d'emballage. Ça fait un poids brut total de 14 t 534 kg.
Vous	14 t 534 kg. Parfait. C'est un produit 100 % français, n'est-ce pas ?
M. Rousseau	Bien sûr. D'origine entièrement française et libre à la sortie du territoire douanier.
Vous	Ah ! j'y pense. Je ne suis pas sûr de votre adresse. C'est bien Comalait, 14, rue de Bourgogne, n'est-ce pas ?
M. Rousseau	C'est ça, 03207 Vichy Cedex. A propos, vous avez étudié notre offre pour notre nouveau lait en poudre ? Nos conditions sont très intéressantes.
Vous	Nous les étudions. Nous y pensons et on en parle la prochaine fois que nous nous téléphonons.

☞ Pour résumer.

Nom de la maison française ? ..	Poids de l'emballage ? ....
Adresse ?	Transport ? ....
Produit vendu ?	Nombre de lots ? ....
Qualité ?	Date de l'expédition ? ....
Origine ?	La maison française a-t-elle déjà
Poids net ?	fait une nouvelle offre ? ....
Poids brut total ?	Réaction du client ? ....

Agir en français.

☐ COMMENT DEMANDER ET DONNER DES EXPLICATIONS ?

☞ **a.** *On vous demande :* « <u>Pourquoi</u> est-ce que vous ne serez pas au bureau mardi prochain ? »
Vous expliquez : « <u>Parce que</u> je dois aller à la Foire de Cologne. »
Regardez les deux listes ci-dessous. Posez des questions et cherchez les réponses qui correspondent.

1. M. Germain fait une circulaire.
2. Nous fabriquons des montures de lunettes en métal.
3. Mlle Grand arrivera à Paris le 10 avril.
4. Nous avons choisi l'hôtel de France.
5. M. Lefranc va écrire au client de Madrid.
6. Nous allons commander une tonne de lait en poudre à Comalait.

a. Il y a des chambres confortables et pas trop chères.
b. Leurs conditions sont très intéressantes.
c. Il parle couramment l'espagnol.
d. Il faut prévenir les détaillants des nouveautés.
e. Son stage commence le 11 avril.
f. C'est très à la mode.

b. *Vous pouvez dire aussi :* « <u>Comme</u> je dois aller à la Foire de Cologne, je ne serai pas au bureau mardi prochain. »
Reprenez les deux listes ci-dessus et faites des phrases commençant par : « Comme... »

☞ **a.** *On vous dit :* « Ils n'ont pas téléphoné, <u>donc</u> ils ne passeront pas la commande. »
Regardez les deux listes ci-dessous et mettez les éléments ensemble en employant « donc ».

1. La marchandise est très lourde.
2. La maison Optic 2000 souhaite connaître nos produits.
3. Le stage dure jusqu'au 20 avril.
4. M. Muller a été absent pendant 10 jours.
5. Maurice a la grippe.
6. C'est un hôtel trois étoiles.

a. Nous allons envoyer une documentation complète.
b. Mlle Grand repartira le 21 avril.
c. Il faut appeler le médecin.
d. Toutes les chambres ont une salle de bains.
e. Nous l'expédierons par bateau.
f. Il n'a pas encore étudié notre offre.

b. *Vous pouvez dire aussi :* « <u>Puisqu'</u>ils n'ont pas téléphoné aujourd'hui, ils ne passeront pas la commande. »

Reprenez les éléments des deux listes ci-dessus et faites des phrases complètes qui commencent par « Puisque... »

Communiquer en français.

LES ACCENTS DANS L'ORTHOGRAPHE DU FRANÇAIS

1 Écoutez et regardez.

1. Les employés ont décidé de faire grève.
2. L'étagère est en métal très résistant.
3. Les représentants et détaillants sont informés des nouveaux prix.
4. « Il les a mis à droite ? — Non, là, à gauche. »
5. J'ai déjà prévenu les nôtres par téléphone.
6. « Où avez-vous envoyé les chèques ? — Je les ai déposés à la banque. »

2 Écoutez et mettez les accents.

1. Les paquets sont arrives la semaine derniere ; ils n'etaient pas en bon etat.
2. L'employe a reagi d'une maniere vive a ses remarques.
3. Mes secretaires sont allees en conge sur la Cote d'Azur.
4. Les eleves sont retournes a l'ecole la semaine derniere.
5. « L'expedition a ete faite hier. Vous voulez les details ? — S'il vous plait. »
6. Son sejour a ete tres bien organise et s'est revele profitable, plus que le votre.

3 Mettez les accents dans les phrases suivantes.

1. Ils ont deja telephone pour prevenir les detaillants.
2. La troisieme commande de beurre pasteurise, 82 % de matieres grasses, premiere qualite a ete livree.
3. Nous avons etudie le projet que vous avez adresse a notre service.
4. Il n'etait pas sur de l'adresse a laquelle on l'a envoyee.
5. Nous avons reserve une chambre a l'hotel, pres de l'usine.
6. Ou est-ce qu'ils preferent aller apres la reunion ?
7. Faites-nous connaitre vos dernieres propositions des que possible.
8. Nous ne savons pas ou vous preferez que l'on envoie la commande : a Paris ou a Strasbourg ?

4 La secrétaire de votre entreprise a tapé la lettre ci-dessous sans mettre les accents. Vous les mettez là où il faut.

Messieurs,

Nous avons bien reçu votre lettre datee du 27 janvier. Nous vous en remercions et sommes heureux de vous apporter les precisions demandees. L'offre qui vous a ete adressee concerne des produits de premiere qualite, d'origine entierement garantie et comprend la livraison a votre usine de Vichy. L'expedition sera faite par route, dans un delai de deux semaines apres reception de la commande. Nous ne sommes pas surs de l'adresse a laquelle la marchandise doit etre livree et nous vous serons obliges de nous la confirmer des que possible.

Nous vous prions d'agreer, Messieurs, l'expression de nos sentiments devoues.

Documents.

CERTIFICAT DE CIRCULATION DES MARCHANDISES

| 1 | Exportateur (nom, adresse complète, pays) |

EUR. 1 Nº A 1870352

Consulter les notes au verso avant de remplir le formulaire

| 2 | Certificat utilisé dans les échanges préférentiels entre |

| 3 | Destinataire (nom, adresse complète, pays) (mention facultative) |

et

(indiquer les pays, groupes de pays ou territoires concernés)

| 4 | Pays, groupe de pays ou territoire dont les produits sont considérés comme originaires | 5 | Pays, groupe de pays ou territoire de destination |

| 6 | Informations relatives au transport (mention facultative) | 7 | Observations |

(1) Pour les marchandises non emballées, indiquer le nombre d'objets ou mentionner «en vrac».

| 8 | Nº d'ordre; marques, numéros, nombre et nature des colis (1); désignation des marchandises | 9 | Poids brut (kg) ou autre mesure (l, m³, etc.) | 10 | Factures (mention facultative) |

(2) A remplir seulement lorsque les règles nationales du pays ou territoire d'exportation l'exigent.

| 11 | VISA DE LA DOUANE |

Déclaration certifiée conforme.

Document d'exportation (2) : Cachet

modèle _ _ _ _ _ _ _ _ _ nº _ _ _ _ _ _

du _ _ _ _ _ _ _ _ _ _ _ _ _ _ _ _ _ _ _

Bureau de douane _ _ _ _ _ _ _ _ _ _ _ _

Pays ou territoire de délivrance : _ _ _ _ _
_ _ _ _ _ _ _ _ _ _ _ _ _ _ _ _ _ _ _ _

A _ _ _ _ _ _ _ _ _ _ _ _, le _ _ _ _ _ _

Signature :

| 12 | DÉCLARATION DE L'EXPORTATEUR |

Je soussigné déclare que les marchandises désignées ci-dessus remplissent les conditions requises pour l'obtention du présent certificat.

A _ _ _ _ _ _ _ _ _ _ _ _, le _ _ _ _ _ _ _ _

Signature :

En vente à l'Imprimerie nationale - B.P. 637 - 59506 DOUAI CEDEX — IN 4 951222 L 77 D

1. Regardez la page ci-dessus avec attention.
2. Remplissez le certificat de circulation des marchandises pour l'envoi de beurre (voir page 114) que vous allez recevoir (sauf la partie « visa de la douane »). Imaginez une entreprise destinataire dans votre pays.

Perfectionnez votre grammaire.

« y » : place à
l'impératif
(30)

Allez-y.

1/ a. *On vous dit :* « Je vais au secrétariat. » *Puis :* « Tout de suite ».
Et vous répondez : « Bon, mais vas-y tout de suite. »
Continuez.

1. Je travaille au nouveau projet (tout seul). 2. Je renonce à ce poste
(définitivement). 3. Je compte sur son appui (totalement). 4. Je réponds
à son courrier (longuement).

b. *On vous dit :* « Je vais au secrétariat. » *Puis :* « Tout de suite ».
Et vous répondez : « Bon, mais n'y va pas tout de suite. »
Refaites l'exercice **a** selon ce modèle.

L'imparfait,
action en train de
se faire
(44)

Quand je vous ai téléphoné, vous vous occupiez...

2/ Regardez le dialogue suivant.

A : « Quand je suis arrivé, qu'est-ce que tu penses qu'il était en train
de faire ?
B : — Il finissait son travail.
A : — Penses-tu ! Il bavardait avec sa collègue. »

Sur ce modèle, faites des dialogues avec les indications suivantes :

1. Répondre au courrier/lire le journal. 2. Étudier les dossiers/écrire
ses cartes de Noël. 3. Écrire le rapport/téléphoner à une amie.
4. Remplir les formulaires/revenir du café. 5. Classer des papiers/écouter
la radio.

Le passé dans le
passé, expression de
la durée
(55)

Je m'en occupais depuis plusieurs jours...

3/ Regardez.

Nous étions à Paris depuis 8 jours... Il y avait 8 jours que nous étions à Paris... Nous étions à Paris depuis le 25 septembre...	...quand j'ai trouvé un emploi.

Sur ce modèle, faites au moins six phrases.
Ex. : Nous habitions Paris depuis 3 ans quand mon frère est né.

« en » : « y » et
« en »
(28)

Nous y pensons et on en parle.

4/ *On vous dit :* « Les pièces arrivent des ateliers ». *Vous répondez :*
« J'ai mal compris ; elles en arrivent ou elles y arrivent ? »
On vous dit : « Les camions arrivent aux entrepôts ». *Vous répondez :*
« J'ai mal compris ; ils y arrivent ou ils en arrivent ? »
A vous.

1. Le P.D.G. vient à l'atelier. 2. Les commandes arrivent à notre
bureau central. 3. Les machines rentrent des ateliers de réparation.
4. Les circulaires partent au secrétariat. 5. Les directeurs retournent
à la réunion.

Les adjectifs
possessifs : formes
(15)

... notre commande, notre offre, nos conditions...

5/ Mettez trois adjectifs possessifs devant chacun des mots suivants :
Ex. : mon livre - son livre - leur livre

livre - adresse - maison - emballage - bicyclettes - bouteilles -
expéditions

Cas professionnel.

La maison « Cuisine facile », 48, boulevard Magenta, B.P. 82, 59100 Roubaix Cedex (téléphone : 20.54.26.32, télex 64376 F) vous a adressé les notices suivantes sur ses produits.

Produit :	asperges
Description :	asperges blanches, grosses et demi-grosses, qualité supérieure
Référence :	Asp./BV 42
Présentation :	bocal verre, stérilisé, 1 kg net

Expédition : carton de 10 bocaux
            carton de 20 bocaux
            carton de 30 bocaux
Minimum expédié : 10 bocaux
Délais de livraison : sous quinzaine
Prix :   40 F l'unité jusqu'à 30
(le bocal) 38 F l'unité pour plus de 30
         35 F l'unité pour plus de 90

Produit :	haricots verts
Description :	haricots verts fins, garantis sans fils
Référence :	H.V./C 24
Présentation :	conditionnement pour collectivités : boîte métal de 10 kg

Expédition : paquets de 5 boîtes

Minimum expédié : 1 paquet de 5
Délais de livraison : immédiatement
Prix :   80 F la boîte jusqu'à 10
        77 F la boîte pour plus de 10
        72 F la boîte à partir de 31

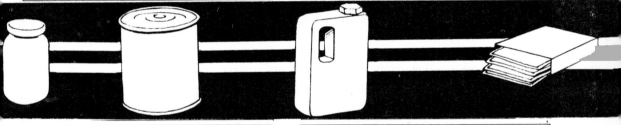

Produit :	potages en sachets
Description :	sachets de potages déshydratés pour 4 personnes ; saveur : poulet, vermicelle, poireaux, pommes de terre, tomate, vermicelle
Référence :	P.S./4
Présentation :	boîtes de 4 sachets

Expédition : présentoir de 12
            présentoir de 20
            présentoir de 32
Minimum expédié : 12 (expédition seulement par présentoirs complets)
Délais de livraison : 8 jours
Prix : 360 F le présentoir de 12
       560 F le présentoir de 20
       900 F le présentoir de 32

Produit :	huile de noix
Description :	huile de noix, première pression à froid
Référence :	H.N./PF 2
Présentation :	bidon avec bec verseur de 3 litres, 1 litre, 1/2 litre

Expédition : carton de 5 bidons de 3 l
            carton de 15 bidons de 1 l
            carton de 20 bidons de 1/2 l
Minimum expédié : 1 carton

Délais de livraison : de 8 à 21 jours
Prix : bidons de 3 l : le carton : 600 F
       bidons de 1 l : le carton : 650 F
       bidons de 1/2 l : le carton : 500 F

- Imaginez plusieurs commandes (produit, référence, quantité, prix, livraison).
- Rédigez les commandes sous forme de : télex/lettres.

Parlez-vous français ?

Monsieur Scotti, de l'entreprise Raimondi, à Turin, téléphone à monsieur Doulcier qui travaille dans une firme française, Motorama.

1

M. Scotti	Vous êtes bien la maison Motorama, à Grenoble ?
M. Doulcier	Tout à fait.
M. Scotti	Ici l'entreprise de transports Raimondi, de Turin. Je vous téléphone à propos de votre commande de cycles à la maison Bici. C'est nous qui allons livrer cette commande.
M. Doulcier	Ah ! enfin ! Et vous nous livrez quand ? Quand vous m'avez téléphoné, je m'occupais du dossier... pour protester !
M. Scotti	Vous savez, nous nous sommes occupés de la livraison dès que nous avons reçu l'ordre, c'est-à-dire avant-hier.

☞ Dans le dialogue, on parle de trois maisons. Quel est le rôle de chacune d'elles ? Expliquez à un collègue qui ne sait pas.

Raimondi	Motorama	Bici . . . .

2

M. Doulcier	Bon, alors, vous pouvez nous livrer demain ?
M. Scotti	Je suis désolé, mais c'est tout à fait impossible.
M. Doulcier	Pourquoi ?
M. Scotti	Nous livrons par camion et nous avons deux services par semaine avec la France. Le prochain part demain, jeudi. Vous serez livré vendredi.
M. Doulcier	Ce sera un peu juste pour les ventes de samedi...
M. Scotti	Il y a une chose qui n'est pas claire. Est-ce que nous livrons tout à Grenoble, 75, cours de la Libération ? Parce que nous avons aussi l'adresse de votre filiale à Lyon...
M. Doulcier	Je ne peux pas vous dire, mais je vous envoie un télex dans la journée. Quel est votre numéro ?
M. Scotti	335 272 RAIM I. N'oubliez pas, sinon nous ne pourrons pas faire partir la livraison demain.
M. Doulcier	J'ai bien compris. Soyez tranquille.

☞ Pour résumer.

a. Il y a combien de magasins Motorama ? Dans quelles villes ? Quelle est l'adresse du magasin de Grenoble ?

b. Quel jour part la marchandise ? Quand est-ce qu'elle arrive ? Pour Motorama, le samedi n'est pas un jour comme les autres. Expliquez pourquoi.

☞ Rédigez le télex envoyé par la maison Motorama (toute la livraison doit être faite à Grenoble).

LEUR MAISON EST ASSEZ BASSE, PLUTÔT LONGUE ET ASSEZ GRANDE.

121

Exporter des produits en pays francophone

Agir en français.

☐ COMMENT NUANCER CE QUE L'ON DIT ?

☞ Reprenez les objets de la page 109 et décrivez les en nuançant ce que vous dites.
Ex. : Les tiroirs sous le lit sont assez grands et l'armoire est plutôt haute.

Au lieu de :	vous dites :	
Vous vous trompez.	Je crois - je pense - j'estime... Il me semble... J'ai l'impression - j'ai le sentiment...	que vous vous trompez.

☞ **a.** Nuancez les réponses suivantes.
1. Vous pouvez livrer demain ?
— Ce n'est pas possible. Nous ne pourrons livrer que mardi.
2. L'adresse des Dulac est 32, cours Lafayette.
— Non, ils ont changé d'adresse. Maintenant c'est 84, rue de Paris.
3. Nous commanderons 14 tonnes de beurre.
— C'est trop. Sept tonnes suffisent.
4. Nous ferons le transport par camion.
— Cela coûte trop cher. Il faut faire le transport par rail.
5. Nous commanderons en novembre.
— Non, il faut commander tout de suite.
6. J'attends leur télex.
— Non, vous devez les appeler immédiatement.

b. Nuancez le dialogue suivant.

« J'ai fait ce qu'il fallait faire.
— Oui, mais vous l'avez fait trop vite. Il fallait attendre.
— Ce n'était pas possible. La décision devait être prise tout de suite.
— Ce n'était pas aussi urgent. »

c. Vous discutez avec des amis. Quelles sont les phrases que vous nuancez en leur parlant ? Trouvez des exemples.

Au lieu de :	vous dites :	
Vous vous trompez.	A mon avis, selon moi, d'après moi, pour moi, à mon point de vue...	vous vous trompez.

☞ Reprenez les phrases des exercices précédents et nuancez-les avec les expressions ci-dessus.

Communiquer en français.

> On ne vend pas toujours tout de suite. Conclure un achat, c'est quelquefois très long...

Entre une maison de votre ville qui vend des machines de tissage et son représentant en France, il y a l'échange de télex suivant :

1
BONJOUR-VEUILLEZ NOUS COMMUNIQUER TRES RAPIDEMENT DELAI DE LIVRAISON POUR UNE MACHINE 340/ADF-ATTENDONS REPONSE URGENTE SALUTATIONS

2
OBJET:VOTRE TELEX DE CE MATIN
DELAI DE LIVRAISON POUR UNE MACHINE 340/ADF EST:MI-DECEMBRE
(2 MOIS) SI NOUS RECEVONS VOTRE COMMANDE IMMEDIATEMENT
SALUTATIONS

3
OBJET:VOTRE TELEX D'HIER
VOUS DEMANDONS DE NOUS METTRE UNE OPTION SUR LA MACHINE 340/ADF
JUSQU'AU 21 OCTOBRE-ATTENDONS VOS INSTRUCTIONS-SALUTATIONS

4
NOUS AVONS MIS UNE OPTION SUR MACHINE 340/ADF JUSQU'AU 21 OCTOBRE
ATTENDONS VOS INSTRUCTIONS - SALUTATIONS

5
VOTRE OPTION SUR MACHINE 340/ADF EXPIRE DEMAIN 21 OCTOBRE- AVEZ-VOUS
DU NOUVEAU? MERCI DE NOUS TENIR AU COURANT- SALUTATIONS

6
OBJET:NOTRE OPTION SUR MACHINE 340/ADF
NOUS VOUS CONFIRMONS QUE CETTE MACHINE EST VENDUE- COMMANDE SUIT
PAR COURRIER - MERCI - SALUTATIONS

☞ Pour conclure cette vente, deux autres lettres sont nécessaires.
1. La commande par lettre contenant les précisions suivantes :

— Délai de livraison : décembre 19...
— Livraison : franco frontière française
— Paiement : 20 % dès réception de la confirmation de commande
          80 % par traite à 8 mois

2. La lettre de confirmation de la commande.
Rédigez ces deux lettres.

Documents.

DIRECTION GÉNÉRALE DES DOUANES ET DROITS INDIRECTS	EX **E** (1)

NOMBRE D'INTERCALAIRES JOINTS

EXPORTATEUR (3)

TOUTISSUS
79, avenue de Flandre
BP 642   59032 LILLE Cedex

(2)

BUREAU DE   BORDEAUX PORT

EXPORTATEUR RESPONSABLE FINANCIER
TOUTISSUS
59032 LILLE

4

DESTINATAIRE

S. M. T.
48, rue du Palais
RABAT   Maroc

BANQUE DOMICILIATAIRE
Banque française du Commerce Extérieur
Bd Haussman   PARIS

DÉCLARANT   AGRÉMENT 2049
Société des Cargos Réunis RÉPERTOIRE
(S.C.R.)
75, cours Pasteur   N° HANGAR   TRAVÉE
33018 BORDEAUX Cedex

N° GUICHET - BANQUE DOMICILIATAIRE   1638

PAYS DESTINATION   MAROC

E X P O R T A T I O N

N° RETENUE FRET	DATE LIMITE RÉCEPTION	N° RÉCEPTION	DATE DE LIVRAISON	POSTE A QUAI
1	14.10.19..		14.10.19..	52

BUREAU DÉDOUANEMENT	DÉPARTEMENT D'ORIGINE	BUREAU FRONTIÈRE	RÉGION CEE
414	59	414	

PRÉ-TRANSPORT PAR	LIEU DE RÉCEPTION								
Route	Lille								

TRANSPORT ÉTRANGER

NATIONALITÉ	MODE	CONDIT.T	PAYS 1ère DESTINATION	VALEUR DOUANE TOTALE (F.F.)	PAYS DE DESTINATION
001	1	O	212	329457	210

IDENTITÉ DU MOYEN DE TRANSPORT (4)
Cargo "Ville de Bayonne"   LIEU DE CHARGEMENT
du 14.10.19..   BORDEAUX

TRANSPORT INTÉRIEUR

CP/CA	MODE	VALEUR FACTURE TOTALE (F.F.)	EXPORTATEUR RESPONSABLE FINANCIER (SIREN)
1	8	358694	437132326

LIEU DE DÉCHARGEMENT	DESTINATION FINALE
CASABLANCA	RABAT

(5)

FORMALITÉS FINANCIÈRES (N°-DATE - CODE)

	RÉGIME FINANCIER	NATURE CONTRAT	MONNAIE FACTURATION	TAUX DE CHANGE
	01	24	001	

MARQUES ET NUMÉROS - NOMBRE ET NATURE DES COLIS - DÉSIGNATION DES MARCHANDISES.

N.D.P.	POIDS BRUT
0403 1099	23614 kg

S. M. T.
Rabat   1 container 294.01.638 contenant
675 cartons de tissus

1

ET PÉTROLIER ENTREPÔT	AUT. SPÉCIALE BUR. ENTREPÔT	RÉGIME	CODE INTEG.	FORM COMEX	QUANTITÉS COMPLÉMENTAIRES	POIDS NET	VALEUR (ARTICLE 36 C.D.)
		10				21000 kg	329457

PIÈCES JOINTES (RÉFÉRENCES ET NUMÉROS)

1 facture n° 03458 du 10.10.19..
1 certificat d'exportation délivré à PARIS le 5.10.19.. (n° 147652)

IDENTITÉ DU MOYEN DE TRANSPORT (SUITE) (4)
navire français
"Ville de Bayonne"

ADMIS POUR CONFORME - BON A EXPORTER

☐ VU EMBARQUER
☐ VU PASSER A L'ÉTRANGER

A L'EXCEPTION DE :

TITRE D'ACCOMPAGNEMENT JUSQU'A LA FRONTIÈRE

VU A QUAI

LE   L'AGENT DES DOUANES   L'AGENT DES DOUANES

L'EXPLOITANT

LIQUIDATION (6)

NATURE DES DROITS ET TAXES	TAUX	MONTANT
	TOTAL	

NST (7)   (8)

	C P T	C S	G T

MONTANT

RECETTE N° :

DATE :

SIGNATURE DE L'AGENT DES DOUANES

JE SOUSSIGNÉ, DÉCLARE SOUS LES PEINES DE DROIT LES MARCHANDISES CI-DESSUS DÉTAILLÉES EN VUE DE LEUR EXPORTATION, ET M'ENGAGE A PAYER LES DROITS ET TAXES DONT ELLES SONT PASSIBLES.

A Bordeaux   LE 9.10.19..
LE DÉCLARANT (9)
P. S. C. P.
Luc MODART

Mod. 1060   En vente à la LIBRAIRIE DU COMMERCE INTERNATIONAL, 10, avenue d'Iéna, 75783 PARIS CEDEX 16 - Tél. 723.61.23

AFNOR VII 50 grammes

Trouvez autant de renseignements que possible (qui envoie quoi ? à qui ? comment ? valeurs ? etc.). Attention ! Certains chiffres ne peuvent pas être interprétés.

Perfectionnez votre grammaire.

Les pronoms personnels compléments indirects : les doubles pronoms (26)

Vous nous les livrez quand ?

1/ Regardez : « Il nous le dit. Il le lui dit. »

On vous demande : « Tu envoies cette lettre à la maison Laval ? »
Vous répondez : « Bien sûr que je la lui envoie. »

1. Tu me téléphones la référence ? 2. Tu lui joins le chèque ? 3. Ils nous enverront le télex ? 4. Vous me lirez le rapport ? 5. Tu lui demanderas sa signature ? 6. Vous nous donnerez l'information ?

Imparfait et passé composé, relation des actions (54)

Quand vous m'avez téléphoné, je m'occupais du dossier.
Nous nous sommes occupés de la livraison dès que nous avons reçu l'ordre.

2/ A. Quand le chef de service est entré (action 1, moment précis), je vérifiais les comptes (action 2, commencée *avant* l'action 1).

   B. Quand le chef de service est entré (action 1, moment précis), j'ai vérifié les comptes (action 2, commencée *après* l'action 1).

Complétez les phrases suivantes d'après les modèles A et B.

1. Quand le client a téléphoné... 2. Quand on a fait le transport... 3. Quand la secrétaire a noté l'adresse... 4. Quand j'ai commencé à aller à l'école... 5. Quand mon père a acheté sa nouvelle voiture... 6. Quand nous avons eu notre chien...

Les adverbes : place (48)

J'ai bien compris.

3/ *On vous dit :* « Il a travaillé. » *Puis :* « bien » *Et vous dites :* « Il a bien travaillé. »

1. Ils ont voyagé (beaucoup). 2. J'ai hésité (longtemps). 3. Nous avons répondu (toujours). 4. Les employés ont commencé (déjà). 5. Les clients ont protesté (encore). 6. La secrétaire a compris (mal).

Possessifs et démonstratifs : formes (15) (16)

Votre numéro ? Le nôtre ?

4/ a. Mettez un adjectif possessif devant chacun des mots suivants.
Ex. : C'est son stylo ?
document - appartement - voiture - activité - affaires - factures

b. Répondez ensuite à la question.
Ex. : C'est mon stylo ? — Non, ce n'est pas le tien.
     C'est ton appartement ? — Non, ce n'est pas le mien.

Les adjectifs qualificatifs : formes et place (18) (20)

Leur maison est plutôt neuve.

5/ Complétez les phrases suivantes. Chaque adjectif de la liste ci-dessous ne doit être employé qu'une seule fois.

Masculin	Féminin	Masculin	Féminin
neuf(s)	neuve(s)	premier(s)	première(s)
actif(s)	active(s)	complet(s)	complète(s)
sérieux	sérieuse(s)	bon(s)	bonne(s)
heureux	heureuse(s)	gentil(s)	gentille(s)

1. C'est une fille... 2. Il vient pour la... fois. 3. L'affaire est très... 4. M. Duroc est un homme... 5. Nous avons des employés très... 6. Faites des phrases... 7. Les fromages français sont très... 8. L'hôtel est... 9. M. Legrand a gagné un million à la Loterie nationale. Il est... 10. J'aime cette crème. Elle est vraiment... 11. Tu connais Mme Lefranc ? C'est une dame tellement... 12. Ce soir, tu es le... 13. Il faut un homme... pour ce poste. 14. Marie-Louise aime le sport. C'est une fille...

Cas professionnel.

Vous travaillez dans un atelier de tissage de coton de votre pays. Vous avez reçu une lettre de la maison Paul Lanier, Prêt-à-porter pour hommes, 47, cours Mirabeau, 26000 Valence (tél. 75.31.28.04, télex 45921 F) qui vous demande des renseignements sur vos tissus.

Vous répondez par la lettre ci-dessous.

```
Messieurs,
Nous avons bien reçu votre lettre du 15 septembre qui a retenu toute notre
attention. Nous vous remercions de  la confiance que vous voulez bien nous
témoigner. Nous pouvons vous livrer régulièrement les quantités de  coton
qui vous seront nécessaires chaque mois (500 à 700 mètres) . Nous pouvons
vous proposer deux qualités correspondant à la demande habituelle:
1. Batiste fine dans les couleurs :blanc,rose,beige;
2. Coton "Oxford" dans les couleurs:bleu clair,gris clair,blanc.
Nous vous adressons par colis séparé des échantillons de chacune de ces
qualités. Le transport se fait par train,à la charge du client. Vous
trouverez ci-joint le tarif pour diverses qualités expédiées.
Nous vous adressons également ,ci-joint,nos prix pour l'une et l'autre
qualité. Vous remarquerez que ces prix sont dégressifs suivant les
quantités commandées. Les paiements sont faits par crédit documentaire.
Notre responsable commercial à Paris,monsieur Bonardeau,prendra contact
avec vous prochainement. Dans l'intervalle,nous restons à votre dispo-
sition pour tout renseignement complémentaire.
Nous vous prions d'agréer,Messieurs,l'expression de nos sentiments dévoués.


P.J.:deux tarifs
```

Vous recevez de la maison Lanier le télex suivant.

```
BIEN RECU LETTRE DU 21 SEPTEMBRE.POUVEZ-VOUS ASSURER LIVRAISON
IMMEDIATE 300 METRES BLEU CLAIR? EST-IL POSSIBLE DE CONSENTIR
TARIF POUR L'ACHAT DE 6000 METRES SUR UN AN,LIVRABLES PAR QUANTITES
VARIABLES?REPONSE URGENTE.SALUTATIONS
```

Votre patron vous a dit que l'expédition peut être faite trois jours après réception de la commande ferme. Pour le prix, il est également d'accord si un contrat est signé avec la maison Lanier avant le départ de la première livraison. Dans ce contrat, la maison Lanier s'engagerait à acheter au minimum 6 000 mètres de coton par an.

● Faites la réponse par télex suivie d'une lettre de confirmation.

Parlez-vous français ?

Votre patron, monsieur Gearing, est venu de France acheter du matériel. Vous l'accompagnez et vous assistez à l'entrevue avec monsieur Montagner, un responsable de l'usine. Vous avez préparé un cadre pour prendre des notes. Voilà ce cadre :

Modèle choisi :	*Rôle du technicien :* ....
Désignation :	*Frais de voyage à la charge de :* ...
Conditions d'achat :	*Frais de séjour à la charge de :* ...
Date d'installation de la machine : ..	*Salaire :* ....

1

M. Gearing	Voilà. Je pense que nous avons étudié toutes les possibilités.
M. Montagner	En effet, Monsieur. Nous avons vu nos trois modèles de machines à empaqueter et c'est la EMP 14 qui vous convient. C'est la plus puissante.
M. Gearing	Oui mais, en fait, j'ai besoin d'une machine encore plus importante.
M. Montagner	Nos ingénieurs travaillent à sa construction, mais elle ne sera pas sur le marché avant deux ou trois ans.
M. Gearing	Et moi, j'en ai besoin tout de suite ! Alors, je prends la EMP 14.

2

M. Gearing	Mais je la prends à trois conditions.
M. Montagner	Je vous écoute.
M. Gearing	D'abord, vous devez vous engager à assurer l'installation et la mise en route de la nouvelle machine. Un technicien de chez vous doit venir l'installer et nous montrer comment elle fonctionne et comment il faut l'entretenir.
M. Montagner	Pour l'installation comme pour la mise en route, il n'y a pas de problème, si vous êtes prêts à payer les frais de séjour du technicien. Nous prenons en charge son voyage et son salaire.
M. Gearing	C'est entendu.

3

M. Montagner	Et les deux autres conditions ?
M. Gearing	D'abord, la machine doit être installée en septembre, au retour des vacances, sinon ce serait très désagréable.
M. Montagner	Soyez tranquille, ce sera fait. Je ne vous dis pas « en septembre, nous installerons la machine », mais « nous aurons installé la machine ». Et la troisième condition ?
M. Gearing	Les modalités de paiement.
M. Montagner	Alors là, ce n'est plus mon domaine. Allons voir le service comptabilité.

☞ Écoutez les trois entretiens et prenez des notes.
Imaginez les modalités de paiement.

☞ Faites un compte rendu des trois entretiens dans votre langue.

Agir en français.

☐ COMMENT CONVAINCRE QUELQU'UN ?

> Pour convaincre quelqu'un, il faut des arguments. Pour présenter ces arguments, le conditionnel peut être utile.

☞ Vous travaillez dans une maison qui fabrique des machines-outils. Vous parlez avec un client francophone qui a l'intention d'acheter un de vos modèles.

« Je pense que la machine 333/B vous conviendrait. Pour la mise en route, un technicien viendrait chez vous. Il assurerait l'installation. Nous prendrions en charge son voyage et son salaire. Vous n'auriez à payer que les frais de séjour. Le paiement se ferait sur un an ou même sur 18 mois, si vous le désirez. »

Essayez de convaincre le client avec d'autres arguments.

☞ Vous aimeriez faire un stage de trois jours, du mardi au vendredi, mais votre patron est indécis.
Vous essayez de le convaincre grâce aux arguments suivants :
— travailler au bureau toute la journée du mardi
— ne partir que mardi soir
— passer le samedi matin au bureau
— voir s'il y a du travail
— faire ce travail pendant le week-end, etc.
Ex. : « Voyez-vous, Monsieur, je travaillerais... »

☞ Vous parlez au téléphone avec l'agent de votre firme en France qui aimerait faire la promotion de vos produits. Mais c'est assez cher. L'agent pense qu'il faut convaincre le chef du service des ventes. Voilà ce qu'il vous dit : « Dites à votre patron que nous... »
Voilà ses arguments :
— distribuer des échantillons gratuits
— offrir les articles à un prix très intéressant
— présenter les articles dans les supermarchés
— prendre contact avec les petites épiceries
— proposer également les produits à des restaurants « libres-services »
— aller voir les directeurs des cantines d'entreprises, etc.

Vous trouvez que votre agent a raison. Vous allez donc voir votre patron pour lui parler du projet. Vous lui répétez tous les arguments :
« Je viens de parler à notre agent. Il aimerait faire la promotion de nos articles. Il... »

☞ Vous aimeriez faire un séjour en France.
Trouvez des arguments pour convaincre votre oncle, qui est français, de vous offrir ce séjour.

Communiquer en français.

1 _____

La maison Buton (142, avenue du Maréchal-Leclerc, 50100 Cherbourg, tél. 33.72.98.51, télex : OUTIM 271 492F) doit envoyer à la maison Schilcher (Linzerstrasse 233, 1140 Wien, tél. 222.94.45.86, télex : 1 32055 SCHIL A) deux machines à découper la viande, modèle B.T. 432, commande du 17 mai 19..., accusé de réception du 22 mai 19...

2 _____

Le 2 juillet, les deux machines ne sont pas livrées. La maison Schilcher envoie un télex à la maison Buton. Voilà les éléments du télex :

> REGRETTER-VOUS INFORMER-2 MACHINES B.T.432 COMMANDEES LE...-PAS ENCORE LIVREES-DELAI DE LIVRAISON GARANTI DANS ACCUSE DE RECEPTION : 20 JUIN-BESOIN URGENT DES MACHINES

☞ Rédigez ce télex.

3 _____

La maison Buton fait une enquête. La commande a été exécutée le 6 juin. Les deux machines ont été prises par l'entreprise Transinter (télex : Transint 621402 F) à l'adresse de l'entreprise Schilcher, à Vienne. La maison Buton envoie un télex à Transinter.

☞ Voici le début du télex :

> NOTRE CLIENT,M.SCHILCHER,DE VIENNE,NOUS INFORME QUE...

Continuez.

4 _____

Transinter répond que trois camions sont tombés en panne et que la livraison a été retardée. Elle est actuellement en cours. Les machines seront certainement à l'usine de Vienne le lendemain, dans l'après-midi.

☞ Rédigez le télex.

5 _____

La maison Buton envoie immédiatement un télex à Vienne.

☞ Rédigez le télex.

☞ Refaites l'exercice en imaginant des situations semblables avec une entreprise de votre pays.

Documents.

AIR FRANCE EXPRESS VOLE AU-DEVANT DE VOS COLIS

**Pour tout problème
d'expédition urgente,
Air France vous propose une solution.**

En effet Air France est aujourd'hui en mesure de vous proposer toute une gamme de services pour acheminer partout dans le monde vos petites expéditions.

● **AIR FRANCE EXPRESS :** notre service d'aéroport á aéroport, garanti sans réservation préalable sur tout vol direct de votre choix. C'est la formule la plus rapide quand vous pouvez vous déplacer à l'aéroport.

● **DOMICILE EXPRESS :** notre nouveau service domicile-domicile, à prix forfaitaire incluant tous les frais (hors taxes et droits de douane) depuis l'enlèvement jusqu'à la livraison. Ce service économique et rapide, disponible actuellement vers les USA et la RFA et bientôt étendu vers d'autres pays, vous est proposé en collaboration avec TAT EXPRESS qui collecte et livre vos expéditions (livraison en 24 h pour l'Europe et en 48 h pour les USA).

● **CONCORDE EXPRESS :** service domicile-domicile en supersonique entre la France et New York : c'est le porte-à-porte le plus rapide avec le nouveau monde.

Enfin si vous habitez Paris, vous pouvez déposer vos expéditions à notre Agence de la Porte Maillot. L'ensemble de ces services peut être utilisé par l'intermédiaire de votre agent de fret habituel.

Pour tout renseignement complémentaire, pour toute demande de service particulier relatif à la collecte ou à la livraison en France, interrogez-nous au 05.16.16.16 (appel gratuit).

AIR FRANCE cargo

Perfectionnez votre grammaire.

Le futur, formes et valeurs : accompli/ non accompli (36) (43)

Je ne vous dis pas : en septembre, nous installerons... mais : en septembre, nous aurons installé.

1/ Donnez l'autre forme du verbe.

Ex. : Quand les clients se décideront, nous ferons le devis.
→ Quand les clients se seront décidés, nous ferons le devis.

1. Dans trois ans, la direction changera. 2. L'année prochaine, nous aurons lancé un nouveau produit. 3. A la fin du mois, nous examinerons la situation. 4. Quand les ouvriers viendront, on enlèvera les machines. 5. Au mois de septembre, les exportations reprendront.

La concordance des temps (54)

Je sais que nos ingénieurs travaillent... Je pense que nous avons étudié...

2/ Regardez le tableau ci-dessous et faites autant de phrases que possible.

1	2	3	4
Je pense Nous croyons On est sûr Je sais Il dit	qu'il	(revenir de l'étranger) (commencer son travail) (payer la facture) (envoyer le devis) (visiter l'usine)	le mois dernier il y a 8 jours en ce moment le 10 juillet avant-hier

Groupe nominal + « en » + verbe (27)

J'en ai besoin tout de suite.

3/ *On vous dit :* « Nous nous apercevons de notre erreur. »
Vous répondez : « Oui, mais vous vous en apercevez trop tard. »

1. Nous nous moquons de son opinion. 2. Nous discutons de l'affaire. 3. Nous nous rendons compte du retard. 4. Nous parlons des difficultés de l'entreprise.

Les adjectifs qualificatifs (18) (20)

La nouvelle machine...

4/ *On vous dit :* « Tu as un nouveau livre ? » *Vous répondez :* « Non, il est vieux. »

1. C'est un vieil hôtel ? 2. Ce sont de nouvelles machines ? 3. C'est une vieille construction ? 4. C'est le nouveau matériel ? 5. Ce sont les vieilles modalités de paiement ? 6. Ce sont de nouveaux camions ?

5/ Regardez : C'est un <u>bel</u> hôtel, mais il est <u>vieux</u>.

1. C'est un... appartement, mais... 2. Ce sont de... modèles, mais... 3. Ce sont de... maisons, mais... 4. C'est une... bicyclette, mais... 5. C'est un... tissu, mais... 6. C'est une... histoire, mais...

La comparaison et l'intensité : le comparatif (56)

Elle est plus puissante.

6/ Comparez ces restaurants.

restaurant	prix du menu	distance de la mer	nombre de couverts	confort	calme
1. Terminus	35	3 km	28	**	***
2. Bellevue	50	5 km	54	*	**
3. La Caravelle	85	1 km	32	***	****
4. Neptune	110	2 km	46	****	*

Ex. : Le Bellevue est moins cher que La Caravelle, mais il est plus loin de la mer...

Cas professionnel.

Vous travaillez dans une entreprise qui fabrique des machines-outils. Il y a 3 semaines, vous avez livré à une maison française des pièces de rechange pour vos machines. Mais l'envoi a été incomplet et vous avez reçu une réclamation par télex.

Vous leur écrivez.

Objet : notre livraison du 6 février 19..

Messieurs,

Nous regrettons d'apprendre par votre lettre du 23 courant que

notre envoi du 6 de ce mois vous est parvenu incomplet.

Nous donnons immédiatement les instructions nécessaires aux

services de livraison et les douze tubes de Fournett n°3 (réf. D/789)

vous seront livrés sans retard.

Nous vous souhaitons bonne réception et, avec nos excuses pour cet

oubli, nous vous prions d'agréer, Messieurs, l'expression de nos

sentiments les meilleurs.

a. La maison française s'appelle « Romeuf et Cie ». Son adresse est 23, rue Marcel-Proust, 13000 Marseille. Imaginez le nom et l'adresse d'une firme de votre ville ou de votre pays.

● Mettez la lettre en page.

b. Imaginez le contenu du télex que la maison française vous a adressé pour réclamer les pièces qui manquent.

● Rédigez le télex.

c. Au lieu de répondre par lettre, vous répondez par télex.

● Rédigez le télex.

LES AVENTURES DE FRANCOFIL

Situation 5 Avec un technicien français

Parlez-vous français ?

1 A l'aéroport

M. Andrea	Pardon, Monsieur, vous êtes monsieur Laurent ?
Un touriste	Ah non ! il y a erreur.
M. Andrea	Je vous prie de m'excuser... Monsieur Laurent ?
M. Laurent	Oui, c'est moi. Je suis envoyé par les Ateliers de Constructions Mécaniques.
M. Andrea	Soyez le bienvenu. Vous avez fait bon voyage ?
M. Laurent	Le plus agréable du monde. Le trajet est vraiment extraordinaire.
M. Andrea	Vous avez des bagages ?
M. Laurent	Non, je n'ai pas de bagages enregistrés. Seulement ce sac.
M. Andrea	Bon. Alors, on y va.

☞ C'est vous qui accueillez M. Laurent dans votre pays. Redites le dialogue (dites votre nom, celui de votre entreprise, etc.).

2 A l'usine

M. Andrea	Voilà. Maintenant, vous savez où est la cantine et vous connaissez nos heures d'ouverture.
M. Laurent	Vous savez, les nôtres sont à peu près les mêmes. Au début, je vais me perdre un peu dans l'usine...
M. Andrea	J'espère que vous vous habituerez vite, surtout au froid !
M. Laurent	Soyez tranquille. J'ai vécu en Suède pendant deux ans.
M. Andrea	Oh ! alors... On va voir l'atelier ?
M. Laurent	Allons-y.

☞ Si M. Laurent va dans votre pays, à quoi devra-t-il s'habituer ? Redites le dialogue en remplaçant « le froid » par ce qui caractérise le climat de votre pays.

3 Dans l'atelier

M. Andrea	Il ne me reste qu'à vous laisser travailler. Vous avez tout ce qu'il vous faut ?
M. Laurent	Je pense. Tous mes outils sont là, le matériel aussi.
M. Andrea	A tout hasard, je vous laisse le numéro de mon poste dans l'usine, le 316-06. N'hésitez pas à m'appeler. Vous avez les clefs ?
M. Laurent	Oui, je les ai prises tout à l'heure chez le concierge.

☞ Une de vos collègues s'intéresse beaucoup à M. Laurent. Elle veut tout savoir sur lui. Vous lui racontez votre journée avec M. Laurent : « A 10 heures, je suis allé(e) à l'aéroport... » Continuez.

Agir en français.

☐ **COMMENT RÉPONDRE A DES OBJECTIONS/DES REPROCHES ?**
☐ **COMMENT RÉAGIR A DES RÉCLAMATIONS ?**

Au téléphone

« Sur les 4 caisses, il y en a une qui est cassée et le matériel a souffert. C'est ennuyeux.
— Je comprends, Monsieur, et nous nous en excusons. Mais tout est parti normalement emballé de chez nous.
— C'est certainement arrivé pendant le transport.
— Sans aucun doute. Nous prenons tout de suite contact avec la maison d'expédition et nous vous tenons au courant. »

☞ Qu'est-ce que vous faites ?
1. Vous approuvez le client qui a raison : « Je comprends, sans aucun doute... »
2. Vous vous excusez : « Nous nous en excusons... »
3. Vous donnez une raison ou vous expliquez que ce n'est pas votre faute : « Mais... »
4. Vous proposez une solution : « Nous prenons immédiatement contact... »

Face à face

« Dites-moi, pour l'installation de la machine, il me faut un vérin. C'était prévu.
— Et il n'est pas là ? Vous ne pouvez pas travailler sans ça. Je suis désolée. J'avais donné des instructions mais l'ouvrier a été certainement trop occupé. On vous l'apporte tout de suite. »

☞ Regardez le tableau ci-dessous et imaginez les dialogues.

les reproches	*vos excuses, raisons ou justifications*
Les produits commandés n'arrivent pas.	— Ils sont partis normalement. Il doit se passer quelque chose à la douane. Vous allez vérifier. — Dans votre service expédition, il y a eu beaucoup d'absents, vous avez pris du retard. Les marchandises sont en route. — La commande a été expédiée à la date prévue, par le train. Mais il y a eu une grève. Ce n'est certainement qu'un léger retard.
Il y a une erreur de facturation. La somme facturée est de 25 000 francs au lieu de 23 500 francs.	— La facturation a été faite par un nouvel employé. La facture va être rectifiée tout de suite.
On a remis au technicien une clef qui n'est pas la bonne.	— Vous prenez la clef qui ne marche pas et vous allez chercher la bonne.

Communiquer en français.

Monsieur Laurent, dans votre usine, a besoin d'utiliser le téléphone intérieur.

1 *Une erreur d'appel*

M. Laurent	Allô ! monsieur Nykoros ? Allô !
	. . . .
M. Laurent	Je suis désolé, Mademoiselle, mais je ne parle pas votre langue. Vous parlez français ?
	. . . .
M. Laurent	Oui, oui, Français, je suis Français.
	. . . .
M. Laurent	Pas un mot de français ? M. Nykoros... Ny-ko-ros. C'est son numéro ? 316-06 ?
	. . . .
M. Laurent	Très bien, Mademoiselle, je vous remercie.

☞ **a.** La jeune fille répond à M. Laurent dans votre langue. Imaginez ce qu'elle dit.

b. Redites le dialogue : mettez votre nom à la place de M. Nykoros.

2 *Avec M. Nykoros*

M. Laurent	Ah ! M. Nykoros ! Cette fois, c'est vous. Je viens d'avoir une jeune fille qui ne parlait pas un seul mot de français.
M. Nykoros	Oui, vous savez, il y a malheureusement très peu d'employés qui parlent français dans l'usine. Dites-moi...

☞ Vous continuez ce dialogue : M. Laurent a besoin d'un technicien que vous deviez appeler. Vous ne l'avez pas fait. Vous vous excusez, vous donnez une raison et vous dites que vous allez l'appeler tout de suite.

Dans ce dialogue, remplacez le nom de M. Nykoros par le vôtre.

3 *Au standard*

M. Laurent	Allô ! bonjour, Madame. Je suis M. Laurent, l'ouvrier français qui installe la machine. Vous comprenez le français ?
La standardiste	Un peu. Bonjour, Monsieur.
M. Laurent	Je voudrais appeler Paris. C'est possible ?
La standardiste	Bien sûr. Quel numéro ?
M. Laurent	16.1.42.39.12.24. Je ne sais pas si vous devez faire le 16.
La standardiste	Non, pas d'ici. Mais j'ai l'habitude. Vous m'appelez de quel numéro ?
M. Laurent	Le 313-27.
La standardiste	Raccrochez, je vous rappelle.

☞ Redites le dialogue. Modifiez les numéros : 16.1.4 + sept chiffres pour Paris, cinq chiffres pour le téléphone intérieur.

Documents.

Regardez attentivement tous ces mots. Vous font-ils penser à d'autres mots ?
(*Ex.* : bâtir → bâtiment...)

Perfectionnez votre grammaire.

Le passé composé : accord du participe passé avec « avoir » (39)

Je les ai prises.

1/ Regardez.

J'ai raccompagné le client. → Le client ? Je l'ai raccompagné.
J'ai écrit la lettre. → La lettre ? Je l'ai écrite.
J'ai fait les factures. → Les factures ? Je les ai faites.

1. J'ai mis la table. 2. J'ai reçu les visiteurs. 3. J'ai offert les fleurs. 4. J'ai lu tes lettres. 5. J'ai pris les clefs. 6. J'ai conduit la voiture hier.

Le passé dans le passé, accompli/ non accompli (54)

Quand la commande a été expédiée, il y avait une grève.
On ne l'a pas apporté, mais j'avais donné des instructions.

2/ Changez le temps des verbes soulignés. En quoi le sens de la phrase change-t-il ? Expliquez.
Ex. : Quand je suis arrivé, il terminait son travail.
    → Quand je suis arrivé, il avait terminé son travail.

1. Quand l'ouvrier est arrivé, je prévenais le concierge. 2. Lorsque nous avons appris la nouvelle, nous lancions nos nouveaux produits. 3. Quand vous avez téléphoné, j'avais envoyé un télex au transporteur. 4. Au moment de votre commande, nous avions commencé la production. 5. A la fin de l'année, ils avaient étudié vos propositions.

Les possessifs : accord (15) (32)

Nos heures d'ouverture... les nôtres.

3/ Faites autant de phrases que possible.

Questions				
A votre avis	mon, ton ...	projet, propositions, idées, plans	a ont	des chances de plaire ?
Réponses				
Je ne sais pas mais je pense que	le nôtre, le tien, ...	par contre,	n'a n'ont	aucune chance.

Ex. : Question : « A votre avis, mon projet a des chances de plaire ? »
Réponse : « Je ne sais pas mais je pense que le leur, par contre, n'a aucune chance. »

La comparaison et l'intensité : le superlatif (56)

Le plus agréable du monde...

4/ Faites autant de phrases que possible sur le modèle ci-dessous.
« Le restaurant Terminus est le moins cher, c'est aussi le plus petit, mais ce n'est pas le plus éloigné de la mer ni le moins confortable. »
Aidez-vous du tableau page 130.

L'expression de la quantité : du/de la/des/pas de	*Vous avez des bagages ? — Non, je n'ai pas de bagages, je n'ai...*

5/ *On vous demande :* « Vous vendez des machines à écrire ? »
Vous répondez : « Nous ne vendons pas de machines à écrire, mais nous avons des machines à calculer. »

Continuez avec :
1. acier/cuivre 2. liqueur/alcool 3. vin/bière 4. pétroles bruts/essence 5. technologie/usines « clefs en main » 6. énergie nucléaire/produits pétroliers

Cas professionnel.

La directrice de Mlle Van Hoot doit se rendre à Paris en voyage d'affaires. Elle souhaite y rencontrer Mme Brunel. Mlle Van Hoot téléphone pour prendre rendez-vous.

La standardiste Parfums Panel, bonjour.

Mlle Van Hoot Ici le secrétariat de madame Van der Leuten, parfumerie à Bruxelles. Je voudrais parler à madame Levoix, s'il vous plaît.

La standardiste Ne quittez pas, je vous prie. Je vous passe sa secrétaire, madame Brunel.

La standardiste Madame Brunel ? Le secrétariat de madame Van der Leuten à Bruxelles...

Mme Brunel Madame Brunel à l'appareil. Que puis-je faire pour vous ?

Mlle Van Hoot Bonjour, Madame. Ici mademoiselle Van Hoot. Madame Van der Leuten désirerait rencontrer madame Levoix lundi ou mardi prochain.

Mme Brunel Cela me paraît difficile. Madame Levoix quitte Paris lundi à midi et a déjà quatre rendez-vous dans la matinée. Pouvons-nous fixer une autre date ?

Mlle Van Hoot Je dois en parler d'abord à madame Van der Leuten. Je vous rappellerai ensuite. Au revoir, Madame, et merci.

Mme Brunel Au revoir, Mademoiselle.

a. Vous travaillez dans une entreprise de votre pays qui a beaucoup de relations avec la France. Imaginez le nom de votre directeur. Mettez votre nom et celui de votre directeur à la place de celui de Mlle Van Hoot et de Mme Van der Leuten.

● Redites le dialogue.

b. Votre directeur vous a dit qu'il est également libre l'après-midi du jeudi 17 mars. Vous retéléphonez à Mme Brunel. Elle vous dit que Mme Levoix peut recevoir votre directeur à ce moment-là. Vous fixez le rendez-vous.

● Imaginez le dialogue.

c. Au lieu de téléphoner, vous envoyez un télex.
1. Vous proposez la matinée du lundi 14 ou du mardi 15 mars.
2. Mme Brunel vous répond que ce n'est pas possible.
3. Vous proposez le jeudi 17 mars, à 14 h 30.
4. Mme Brunel répond pour confirmer le rendez-vous de votre directeur avec Mme Levoix.

● Rédigez les télex.

Parlez-vous français ?

Un responsable d'entreprise français, monsieur Epalle, visite votre entreprise. Il ne parle pas votre langue. Votre directeur, lui, ne parle pas français. On vous a demandé de servir d'interprète pendant la visite.

Le directeur	....
Vous	M. le directeur vous propose de visiter d'abord ces bâtiments. Vous pourrez voir des ateliers, nos bureaux et les salles réservées au personnel. Ensuite, nous pourrons aller jusqu'à l'usine où on fabrique les machines que vous avez achetées. C'est environ à 60 km d'ici, une petite heure en voiture.
M. Epalle	Très volontiers. Mais pourquoi cette usine est-elle aussi loin ?
Vous	....
Le directeur	....
Vous	Les bâtiments où nous nous trouvons devenaient trop petits pour notre production et il est impossible d'avoir le terrain pour construire. Là-bas, il y a une nouvelle zone industrielle et les gens qui s'installent ont des avantages.
M. Epalle	Je comprends. Ça doit quand même poser des problèmes dans le fonctionnement quotidien.
Vous	....
Le directeur	....
Vous	Pas tellement. La production, là-bas, est très différente de celle que nous avons ici. C'est une unité presque indépendante.
M. Epalle	Si elle est récente, elle doit avoir un équipement très moderne et très performant.
Vous	....
Le directeur	....
Vous	Absolument. L'usine a ouvert il y a à peine 12 mois, tout est ultramoderne.
M. Epalle	J'espère que ces équipements aideront à tenir les délais de livraisons pour les machines.
Vous	....
Le directeur	....
Vous	M. le directeur vous assure qu'il n'y aura aucun problème et que tout sera fait comme prévu.

☞ Complétez le dialogue en mettant dans votre langue
— ce que vous traduisez au directeur,
— ce qu'il vous demande de traduire.
Jouez le dialogue en entier, à trois interlocuteurs.

Agir en français.

☐ COMMENT PRÉSENTER SON ENTREPRISE ?

1. | Un peu d'histoire... |

	avant l'arrivée de M. ...
10	lorsque l'informatique n'existait pas
Il y a 15 ans,	avant l'automatisation, etc.
30	

	produisait peu.
notre entreprise	n'avait que 15 employés.
	n'avait que 2 ateliers et un petit bureau.

2. | Aujourd'hui... |

A présent, nous avons 1/2/3... usines et nous employons 75/125/600... ouvriers et employés de bureau. Nos équipements sont modernes et adaptés à notre production.

a. la production

Nous fabriquons des machines/des outils/des emballages... que nous vendons dans le pays et à l'étranger.

Nous produisons depuis 3/5/10... ans et notre qualité est sans défaut.

b. le service commercial

Notre service commercial

a un matériel très moderne	
est informatisé	et tout est fait pour servir très rapidement le client.
est très bien organisé	

Toute commande est traitée immédiatement.

☞ Choisissez l'usine la plus connue de votre ville ou de votre pays. Décrivez-la à un visiteur francophone (Où est-elle ? Qu'est-ce qu'on y fabrique ? Combien y a-t-il d'employés ? Quelles sont les installations ?).

☞ Choisissez un petit atelier que vous connaissez bien et décrivez-le.

LES AVENTURES DE FRANCOFIL

Communiquer en français.

LA PONCTUATION EN FRANÇAIS

Il existe douze signes de ponctuation :

signe	nom
,	la virgule
.	le point
:	les deux points
;	le point virgule

signe	nom
...	les points de suspension
?	le point d'interrogation
!	le point d'exclamation
( )	les parenthèses

signe	nom
—	le tiret
'	l'apostrophe
-	le trait d'union
« »	les guillemets

1 Écoutez et regardez.
1. Je m'occupais du dossier... pour protester !
2. Vous savez... les transporteurs font ce qu'ils veulent ; nous n'y pouvons rien.
3. L'entreprise Raimondi a répondu : « Tout à fait. Et vous, vous êtes qui ? »
4. Ah ! Est-ce que vous pouvez, sans trop tarder, nous envoyer les tarifs ?
5. Décrivez l'usine (où est-elle ? qu'est-ce qu'on y fabrique ?...).
6. Vous demandez à M. Laurent : « On va voir l'atelier ? » ; il vous répond : « Allons-y. »

2 Écoutez et mettez la ponctuation.
1. Ils m ont dit N y va pas et puis eux ils y sont allés
2. Allô allô vous m entendez Passez-moi M Dubois s il vous plaît
3. Le directeur s est exclamé Ah non Ça ne peut pas durer comme ça Et puis il est sorti
4. Quand êtes vous venu C était le mois dernier ou le mois d avant
5. Comment font ils Ils augmentent leurs prix la qualité baisse et ils vendent davantage
6. Nous pourrons construire pensons nous une nouvelle usine là bas celle ci est trop petite

3 La secrétaire de votre entreprise a tapé une lettre en oubliant la ponctuation et les majuscules. Vous corrigez son travail.

messieurs

nous avons bien reçu votre lettre du 22 juin dernier nous vous en remercions
nous sommes intéressés par votre offre concernant vos maillots de bain pour
hommes réf.682 MT 6 et peut-être vos maillots pour femmes réf. 772 FK 92
avant de commander toutefois il nous est indispensable de connaître les
différentes couleurs que vous proposez serait il possible de nous les
communiquer par télex 1 envoi devra être fait à notre maison de Clermont
Ferrand 6 boulevard Ger covia 63007 Clermont Ferrand Cedex
nous vous prions d agréer messieurs 1 expression de nos sentiments
distingués

Documents.

comment réussir votre implantation?

Choisissez une adresse.
Engagez un architecte.
Menez les démarches administratives.
Faites le tour des banques.
Contactez un entrepreneur.
Etudiez le plan de financement.
Vérifiez les devis.
Examinez les plans de bureau.
Suivez de près les travaux.
Rencontrez plusieurs fois l'architecte.
Relancez l'entrepreneur.
Décidez du mobilier.
Téléphonez au déménageur.
Prenez garde aux délais.
Passez-y des mois.
Calculez bien.
Planifiez juste.
Coordonnez tout...

1. Regardez attentivement les mots de ce texte.
2. Cherchez les mots de la même famille (*Ex. :* architecte → architecture).

Perfectionnez votre grammaire.

L'imparfait, vérité générale dans le passé (44)

Lorsque l'informatique n'existait pas.

1/ Regardez.

« Il y a 100 ans, on circulait à cheval.
— Maintenant, on circule en voiture. »

A vous.

1. On s'éclairait à la bougie (à l'électricité). 2. On ne prenait pas de vacances (beaucoup de vacances). 3. On travaillait 10 à 14 heures par jour (8 heures). 4. On vivait beaucoup à la campagne (à la ville). 5. On achetait dans les petits commerces (les supermarchés).

Sur ce modèle, trouvez d'autres phrases.

Les adverbes : modifications des adverbes de temps (54)

Le lendemain de son arrivée...

2/ Lisez le texte ci-dessous.

« Aujourd'hui, nous recevons M. Dagois, des Établissements Mouret. Hier, nous avons eu le directeur de Langson Inc. Demain, une délégation allemande nous rend visite, et après-demain, ce sont des Espagnols. C'est vraiment une semaine internationale. »

a. Que direz-vous si vous prévoyez ce qui va se passer ?
« Ce jour-là, nous recevrons.. »

b. Que direz-vous si vous racontez cette semaine-là un mois plus tard ?
« Ce jour-là, nous avons reçu.. »

Regardez dans le précis page 182 et modifiez les adverbes de temps. Attention au temps des verbes !

Les adjectifs qualificatifs et leur contraire (19)

Notre qualité est irréprochable.

3/ *On vous dit :* « Je trouve la proposition logique. »
Vous répondez : « Moi, je la trouve plutôt illogique. »
A vous.

1. Je pense que l'affaire est possible. 2. Je pense que les machines sont utiles. 3. Je juge la procédure légale. 4. Je juge leur crédit limité. 5. Je crois que les réunions sont régulières. 6. Je trouve la maison Dupont honnête. 7. Je crois que Maurice est heureux.

L'expression de la quantité : « du/de la/de l'/ des → en » (13) (29)

Nous en fabriquons depuis toujours.

4/ *On vous demande :* « Vous vendez des machines à écrire ? »
Vous répondez : « Non, nous n'en avons jamais vendu. »
On vous demande alors : « Et des machines à calculer ? »
Vous répondez : « Oui, ça, nous en avons toujours. »

Sur ces modèles, reprenez les produits de l'exercice 5, page 137.

Les accords dans la phrase simple : singulier/pluriel

Ces équipements aideront à tenir les délais.

5/ Mettez au pluriel les phrases suivantes.

1. Le directeur de l'usine a une réunion régulière avec le représentant de la région. 2. L'employé qui est responsable de la fourniture du produit d'entretien réclame un local plus grand. 3. Le nouveau représentant réussit toujours à trouver un client qui ne connaît pas notre produit et l'achète.

Cas professionnel.

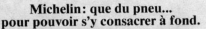

Michelin: que du pneu...
pour pouvoir s'y consacrer à fond.

Si l'on fait abstraction de son activité "cartes et guides", Michelin, ce n'est que le pneumatique; mais aussi presque tous les types de pneumatiques. Il n'y a guère de véhicules sur roues qui ne puissent être équipés de pneus Michelin: vélo, cyclo, moto, automobile, camionnette, poids lourd, matériel agricole, engins de manutention, de génie civil, métro, avion, tous types de voitures de course.

Des pneumatiques de 200 g à d'autres de plus de 4 tonnes... Une gamme de plus de 2300 types de pneus.

Une entreprise monosecteur, oui!
Une entreprise monoproduit, non!

Michelin en chiffres

- 1er producteur de pneumatiques en Europe.
- 2e producteur mondial.
- 39,6 milliards de C.A. (1983).
- 120.000 personnes dans le monde.
- 45.000 personnes en France.
- 4.500 personnes en recherche et développement.
- 1.500.000 km parcourus chaque jour en essais.
- Plus de 60% de sa production française exportée.
- Commercialisation dans 142 pays.
- Production: 53 usines, en Europe, Afrique, Amérique du Nord et Amérique Latine.

Bibendum: bientôt centenaire, toujours en forme!
1891-1984

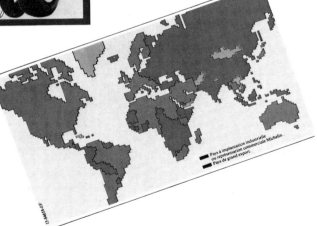

Pays à implantation industrielle ou représentation commerciale Michelin.
Pays de grand export.

JEU DE RÔLES

Situation : Votre patron veut avoir des renseignements plus précis sur l'entreprise Michelin. Vous demandez à votre représentant en France de vous donner des détails.

Rôle 1 (un élève ou un groupe d'élèves) : représentant en France.

Rôle 2 (un élève ou un groupe d'élèves) : employé dans une entreprise de votre pays.

Déroulement : 1 et 2 ont le document ci-dessus. 1 cherche toutes les questions possibles sur l'entreprise Michelin et les pose à 2 qui doit donner les réponses.

Parlez-vous français ?

Monsieur Ziegler vit à Baden, en Autriche. Il est artisan et fabrique des sacs à main pour dames, en tissu, brodés au petit point autrichien.

1

M. Audin	Allô ! monsieur Ziegler ?
M. Ziegler	Lui-même. Qui est à l'appareil ?
M. Audin	C'est monsieur Audin.
M. Ziegler	Ah ! monsieur Audin. Je pensais à vous quand le téléphone a sonné : je me disais que je n'ai pas encore reçu votre commande.
M. Audin	C'est pour ça que je vous téléphone. Je désire quinze petits sacs brodés pour les ventes de Noël, donc avant le 10 novembre.
M. Ziegler	Quinze, c'est possible, mais pour le 10 novembre, je ne sais pas. Nous en avons beaucoup en commande. Je vérifie et je vous rappelle. C'est toujours le même numéro ?
M. Audin	Toujours. Et vous, c'est toujours le même prix pour les sacs ?
M. Ziegler	Toujours, mais avec 3 % en plus. A tout à l'heure.

☞ Redites le dialogue en imaginant un nom, une ville, un produit de votre pays. Changez le nombre d'articles et les dates. Mettez M. Bertrand, de Montpellier, au lieu de M. Audin.

2

M. Ziegler	Monsieur Audin ? C'est monsieur Ziegler. J'ai vérifié dès que vous avez téléphoné et j'ai bien fait. Je ne peux pas vous livrer les quinze pièces pour le 10 novembre.
M. Audin	Ça, c'est ennuyeux. Même pas en faisant un effort ? Je suis un client fidèle.
M. Ziegler	Je sais, monsieur Audin, je sais, et croyez que je suis désolé. Mais c'est vraiment impossible. Je peux vous en livrer dix pour le 10 et cinq pour le 30 novembre. C'est vraiment tout ce que je peux faire.
M. Audin	Bon, ce n'est pas si mal. Et je peux y compter ferme ?
M. Ziegler	Bien sûr, mais à condition de commander tout de suite, car en ce moment nous avons sans arrêt des commandes.
M. Audin	Eh bien, c'est entendu. Je vous envoie aujourd'hui une lettre de commande et vous m'envoyez un petit mot de confirmation.
M. Ziegler	Très bien, j'attends votre lettre. Au revoir, monsieur Audin, et merci.

☞ Écrivez la lettre de commande de M. Audin et la lettre de confirmation de M. Ziegler (le prix des sacs, l'année dernière, était de 3 700 schillings autrichiens).

Agir en français.

☐ COMMENT EXPRIMER LA CONDITION ?

> « A condition de trouver un fournisseur spécialisé, nous installerons un rayon de produits gastronomiques. »
> « A condition de recevoir la marchandise dans un délai de 10 jours, ils passeront la commande. »

Qui doit trouver un fournisseur spécialisé ? .... Nous
Qui va installer un rayon de produits gastronomiques ? .... Nous
Qui doit absolument recevoir la marchandise dans un délai de 10 jours ? .... Eux
Qui passera la commande ? .... Eux

☞ Qu'est-ce que vous constatez ?

Attention !

1. Quand on a le même sujet dans les deux propositions, on peut employer
   ↗ à condition de + infinitif
   ↘ si
2. Quand on n'a pas le même sujet dans les deux propositions, on emploie
   → si

> « Si M. Lejeune peut assurer l'importation, nous installerons un rayon de produits gastronomiques. »
> « Si nous pouvons livrer la marchandise dans un délai de 10 jours, ils nous passeront la commande. »

☞ Transformez les phrases suivantes quand c'est possible.
1. A condition de bien parler deux langues étrangères, tu auras ce poste. Si...
2. A condition de régler les paiements par crédit documentaire, nous pourrons importer de pays où nous n'avons pas d'agent. Si...
3. Si M. Duval nous fait une offre intéressante, nous introduirons ses articles dans notre collection. A condition de...
4. Si nous installons cette machine, l'emballage de nos articles se fera plus rapidement. A condition de...

Mais... « exprimer la condition », cela ne se fait pas seulement dans la vie professionnelle, cela se fait aussi très souvent dans la vie privée.

☞ Complétez les phrases suivantes.
1. Si tu m'invites... 2. Si nous achetons cette voiture... 3. Si vous prenez vos vacances en novembre... 4. Si tu aimes la musique... 5. S'il pleut... 6. Si Marie-Louise n'arrive pas avant 5 heures...

Communiquer en français.

Vous travaillez dans une entreprise de votre pays (imaginez son nom, adresse, etc.) qui importe des machines à laver d'un pays francophone et exporte des aspirateurs dans des pays francophones.

1 _____

POUR VOS IMPORTATIONS

a. Vous envoyez le télex suivant à :
Société Electronic
Ile Beaulieu
44206 Nantes Cedex
Tél. : 40.47.61.03 - Télex : 711400 F

> BONJOUR.SUITE A LA VISITE DE NOTRE CHEF DES VENTES AU 121EME SALON DE L'ELECTROMENAGER,NOUS VOUS PRIONS DE NOUS COMMUNIQUER VOS MEILLEURS PRIX POUR COMMANDE D'AU MOINS 40 UNITES DE VOS NOUVELLES MACHINES A LAVER. PRIERE DE PRECISER LE DELAI DE LIVRAISON SALUTATIONS

☞ Marquez le nom et le numéro de télex de la maison de votre pays.

b. La maison contactée vous répond par télex en proposant :
— un lave-linge 16 programmes réf. 835 1060 à 2 975 FF
— un lave-linge 14 programmes réf. 835 1051 à 2 785 FF
— un lave-linge 10 programmes réf. 835 1043 à 2 575 FF
Possibilité de livraison immédiate jusqu'à 50.

☞ Rédigez ce télex.

c. Vous commandez par télex : 25 unités réf 835 1051, 15 unités réf. 835 1043 et 5 unités réf. 835 1060.

☞ Voici le télex que vous devez rédiger. Complétez-le.

> BIEN RECU VOTRE OFFRE.
> COMMANDONS.............................
> ....
> NOUS COMPTONS SUR LA LIVRAISON IMMEDIATE.
> SALUTATIONS

d. La maison Electronic confirme par lettre.

☞ Rédigez la lettre de confirmation.

2 _____

POUR VOS EXPORTATIONS

Vous voulez faire la promotion de ce nouvel aspirateur.

☞ Faites la lettre circulaire pour annoncer le produit. Insistez sur la livraison immédiate.

MINI-ASPIRATEUR CLEANET.

209ᶠ

M Pratique, léger et maniable : un mini-aspirateur Cleanet Philips toujours prêt à rendre service. Pas de sac à poussières, le nez de l'appareil sert de réservoir. Filtre permanent lavable. Batterie rechargeable incorporée. Transformateur 220 V, socle mural. Long. 38 cm, poids 500 g. Garantie 1 an. S.A.V. assuré.
Réf. 551 5319   Prix **209.00**

Documents.

PRODUITS ARTISANAUX

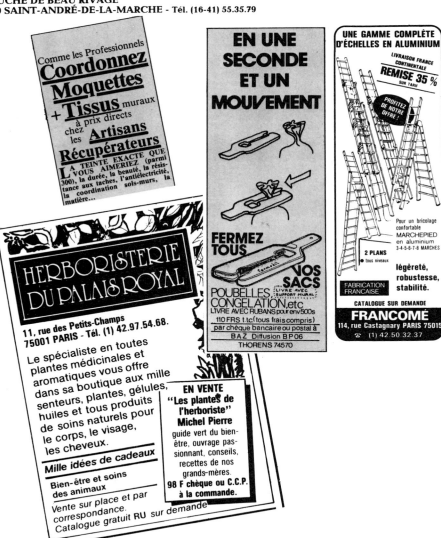

Perfectionnez votre grammaire.

L'expression du passé, passé composé/ imparfait/plus-que-parfait (54)

Quand le téléphone a sonné, j'avais sorti votre dossier.

1/ Regardez et expliquez en quoi le sens de la phrase change.

Quand le téléphoné a sonné, | j'avais vérifié la commande.
je vérifiais la commande.
j'ai vérifié la commande.

Puis reprenez les phrases de l'exercice 2, page 136 et donnez les trois formes de chaque verbe.

« en » + verbe + notion de quantité (29)

Nous en avons beaucoup en commande.

2/ *On vous dit :* « Je reçois des réclamations. »
Vous répondez : « Et tu en reçois beaucoup ? »
A vous.

1. Nous traitons chaque jour des affaires. 2. Je refuse régulièrement des chèques. 3. Ils achètent volontiers nos produits. 4. Nous trouvons parfois de nouveaux marchés. 5. Ils perdent sans cesse des clients. 6. J'oublie parfois des demandes.

La comparaison et l'intensité : contraires (56)

Le délai est très court, trop court.

3/ Sur ce modèle :
« Ce n'est pas trop difficile ?
— Au contraire, Madame, c'est très facile. »
faites des questions et des réponses avec les adjectifs suivants : foncé - mauvais - rapide - chaud - grand - léger.

Les accords dans la phrase simple : masculin/féminin (3)

... un petit mot...

4/ Mettez au féminin.

1. Le concierge de l'usine est présent à son poste tout le jour, mais semble content de sa situation. 2. Le nouveau directeur demande beaucoup à son secrétaire qui est très doué mais semble submergé de travail. 3. Ton collègue qui est étranger semble très travailleur et je l'ai souvent vu au bureau après 6 heures. 4. C'est un garçon épatant, qui est italien d'origine, mais en fait, je crois, nationalisé français. 5. C'est un excellent vendeur, et aussi un très bon ami que j'ai souvent pris avec moi pour aller voir des clients.

L'ordre des mots dans la phrase simple : place des adjectifs (20)

... quinze petits sacs brodés...

5/ Mettez les adjectifs à la bonne place et accordez-les avec le nom.

1. Un ....café ....(autre/noir/grand)
2. Les ....usines .... (nouveau/construit/trois)
3. Une ....nouvelle ....(mauvais/autre/inattendu)
4. Les ....produits ....(réputé/bon/vieux)
5. La ....porte ....(bleu/deuxième/petit)
6. Une ....fille ....(jeune/beau/brun)

Cas professionnel.

Vous venez de créer le produit ci-dessous.

Vous voulez faire la promotion pour le vendre dans des pays francophones.

- **a.** Choisissez dans le texte de présentation ce qui vous semble le plus important et le plus nouveau.
- **b.** Présentez autrement les qualités les plus importantes et les plus nouvelles de ce produit.
- **c.** Rédigez une lettre circulaire pour présenter le produit à vos futurs clients francophones.

Situation 8 Participer à une exposition en France

Parlez-vous français ?

Monsieur Gabet est chef des ventes d'une fabrique de meubles dans votre pays. Il rencontre son agent en France, monsieur Guiton.

1

M. Gabet	Le Salon de l'ameublement a lieu dans six mois à la porte de Versailles. Il faut nous décider. Qu'est-ce que vous en pensez, M. Guiton ?
M. Guiton	Je pense que nous devons y participer.
M. Gabet	Moi aussi, j'ai pensé que nous devions y participer. A présent, j'en suis moins sûr.
M. Guiton	Vous savez bien que c'est difficile de vendre en ce moment. Nous stockons trop.
M. Gabet	C'est vrai, nous avons trop de stocks. Il faut nous faire connaître mieux.
M. Guiton	Et puis, il faut aussi comparer l'attrait de nos produits à celui des concurrents. Et c'est une bonne occasion de le faire.

☞ Dans ses arguments, M. Guiton emploie les verbes suivants : vendre - ne pas stocker - se faire connaître - comparer.

Dites pourquoi il est indispensable de participer au Salon de l'ameublement

2

M. Gabet	Mais si nous y allons, ça va faire beaucoup de frais.
M. Guiton	Pas si nous partageons le stand.
M. Gabet	Vous voulez nous mettre avec d'autres fabricants de meubles ?
M. Guiton	Oui, mais pas les mêmes meubles que nous. Je pensais à Cuisinor, les meubles de cuisine. Ils ont beaucoup vendu l'année dernière.
M. Gabet	C'est vrai, ils vendent beaucoup et après tout, nous avons autant intérêt qu'eux à exposer ensemble.
M. Guiton	Les uns comme les autres, on présenterait une gamme complète de mobilier pour la maison, et c'est un avantage énorme.

☞ Quels avantages y a-t-il à partager un stand pour M. Gabet ? pour Cuisinor ?

3

M. Gabet	Bon, mais il faudra quand même payer. Vous avez les tarifs ?
M. Guiton	Pas ici, j'ai tout le dossier en France.
M. Gabet	Vous n'avez pas une idée des prix ?
M. Guiton	Il me semble que les prix sont raisonnables. Mais je vous envoie tout ça dès que je rentre.

☞ Après votre entretien avec M. Guiton, vous allez voir votre patron. Dans votre langue, vous lui résumez le contenu de la conversation pour le convaincre de participer au Salon de l'ameublement.

Agir en français.

☐ COMMENT RENOUER LE CONTACT ?

Pour une raison ou pour une autre, un client cesse parfois de vous passer des commandes.
Il faut alors lui rappeler votre maison. Par exemple, en lui envoyant une documentation.

> Messieurs,
>
> Nous sommes restés pendant un certain temps sans vos
> commandes. Nous profitons donc de la publication de notre
> nouveau catalogue pour attirer votre attention sur la
> gamme entièrement renouvelée de notre production.
> Veuillez également trouver en annexe nos conditions
> de vente qui, comme vous pourrez le constater vous-mêmes,
> sont devenues beaucoup plus souples pour les commandes
> venant de l'étranger.
> Dans l'espoir de recevoir bientôt votre commande, nous
> vous prions d'agréer, Messieurs, l'expression de nos sen-
> timents dévoués.

☞ Une autre possibilité de vous rappeler à votre client, c'est de lui communiquer que vous avez un stand à une exposition qui a lieu dans son pays. Vous l'invitez à votre stand pour lui présenter vos nouveaux articles.

Envoyez une invitation à la maison Delignon et Cie (196, avenue Jean-Jaurès, 37200 Tours) qui ne vous a plus passé de commande depuis un an. Vous avez un stand au 4ᵉ Salon de la pêche qui a lieu à Paris. (Pour vous aider, regardez la lettre page 152.)

Quelquefois, il faut aussi renouer des contacts personnels, avec des amis par exemple.
On peut alors leur écrire une carte comme celle-ci.

☞ Vous avez fait un long séjour en France, il y a quelques années. Vous y retournez pour six semaines. Vous écrivez à des amis français pour le leur faire savoir.

Communiquer en français.

1

Votre patron a décidé de participer au prochain Salon de l'ameublement (voir page 150). Votre agent en France a donc préparé une circulaire en votre nom pour informer les clients et vous en a adressé une copie. La voilà :

> Messieurs,
>
> Nous avons le plaisir de vous annoncer que notre société disposera d'un stand au dixième Salon de l'Ameublement qui aura lieu à Paris, Parc des Expositions de la porte de Versailles,du 20 au 26 Octobre prochains.
> Nous serons très heureux de vous y accueillir si,comme nous l'espérons, vous voulez bien nous rendre visite(stand 503 A,3ème niveau,allée B). Dans l'attente du plaisir de vous rencontrer,nous vous prions de croire, Messieurs,en nos sentiments dévoués.

☞ Lisez cette lettre et traduisez-la pour votre patron.

2

Un mois avant le Salon, votre agent vous envoie le télex suivant :

> BONJOUR
> POUVEZ-VOUS ARRIVER 8 JOURS AVANT L'OUVERTURE DU SALON?
> CELA NOUS PERMETTRAIT DE MIEUX SURVEILLER L'INSTALLATION
> DU STAND ET DE PRENDRE CONTACT AVEC LES REPRESENTANTS
> DE CUISINOR.REPONSE URGENTE.
> SALUTATIONS

☞ Vous êtes d'accord. Rédigez un télex qui précise la date et l'heure de votre arrivée.

LES AVENTURES DE FRANCOFIL

Documents.

DOUANES FRANÇAISES

D 18 ADMISSION TEMPORAIRE
IMPORTATION DIRECTE DÉCLARATION D'ENTRÉE SORTIE D'ENTREPOT (2)

Mod. 1962 Chemise

Exemplaire destiné à RECEVOIR LES IMPUTATIONS (1)

Déclaration comportant	feuillets intercalaires (1)		Bureau n° ......
Commissionnaire en douane n°			Bureau frontière n°
Répertoire n°			Enregistrement :
Hangar / Quai / Magasin			

Je, soussigné

déclare, sous les peines de droit, vouloir placer sous le régime de l'admission temporaire les marchandises ci-après détaillées importées de par (a)

Je m'engage, conjointement et solidairement avec également soussigné, à me conformer aux lois et règlements sur l'admission temporaire et à réexporter ou à constituer en entrepôt (3) dans le délai de mois ces marchandises ou les produits admis à la compensation de ces marchandises.

Fait à Le le
La Caution. Le Déclarant

(Les deux signatures doivent être manuscrites, celle de la caution étant précédée de la mention également manuscrite « LU et APPROUVÉ ».)

					Origine	Provenance

Indications concernant dans les — en dehors des — (2) la valeur (conditions de pleine concurrence (b)
Opération effectuée

Relations existant entre l'acheteur et le vendeur (c) Ajustement applicable

Destinataire réel (nom, profession, adresse)

Manifeste, gros sommier, carnet TIR N°

Nombre, nature, marques et numéros des colis	A	Départ (d)	Régime	Origine	Transport	N° de codification statistique,	Poids net (kg)	Valeur (e)	Quantités complémentaires (f)	Provenance	Véhicule (i)	Entrepôt (j)

TARIF N°
Désignation des marchandises (k)

Poids brut (en chiffres)
Valeur en toutes lettres

Désignation des droits et taxes éventuellement exigibles :
Désignation Quotité

NOTES
(1) La présente déclaration doit être produite au moins en 4 exemplaires :
(2) Rayer la mention inutile.
(3) Rayer la mention « constitution en entrepôt » lorsque la réexportation obligatoire est prévue.

Vous allez exposer au SISEL-SPORTS (destinataire réel : Madame Simoni, Secrétaire générale, Salon des expositions, 93350 Le Bourget) pour 150 000 F de matériel de camping-caravaning en 14 colis pour un poids brut de 3 250 kg et un poids net de 2 680 kg. Ce matériel est d'origine italienne, mais en provenance de votre pays. Un de vos camarades se porte caution. Remplissez tout ce que vous pouvez du formulaire.

Perfectionnez votre grammaire.

La concordance des temps (44)

Je pense que nous devons participer. Moi aussi, j'ai pensé que nous devions participer.

1/ *On vous dit :* « Je crois qu'il est très gentil. »
Vous répondez : « Oh ! moi aussi, pendant longtemps, j'ai cru qu'il était très gentil. »

1. Je pense qu'il est honnête. 2. Je crois qu'elle veut bien faire. 3. Je considère que l'affaire est réglée. 4. Je me demande s'ils connaissent leur métier. 5. Je suppose que nous sommes d'accord.

Les possessifs et les démonstratifs : adjectif et pronoms (32) (33)

Autant que leur intérêt à eux, c'est bien peut-être aussi le nôtre.

2/ a. Regardez attentivement.

Cette recette Ce projet Ces remarques Ces conseils	est sont	de toi, d'elle, de lui, de nous, de vous, d'eux, d'elle, de moi	ou	de lui, d'elle, de toi, d'eux, de nous, d'elles, de moi, de vous.

b. Faites autant de questions que possible et répondez sur le modèle suivant : « Cette recette est de toi ou de lui ? »
« Celle-ci est la mienne ; je ne connais pas la sienne. »

L'expression de la quantité : préposition + nom → verbe + adverbe (47)

Nous stockons trop. Nous avons trop de stocks.

3/ *On vous dit :* « J'ai beaucoup de travail. »
Vous répondez : « Oui, moi aussi, je travaille beaucoup. »

a. 1. Nous passons beaucoup de commandes. 2. J'ai beaucoup d'espoir. 3. Nous faisons peu de ventes. 4. Nous entreposons trop de stocks. 5. Je fais trop de voyages. 6. Nous faisons peu d'emprunts.

b. Refaites l'exercice. Utilisez : assez - peu - beaucoup - trop.

L'ordre des mots dans la phrase simple : place des adverbes (48)

Ils vendent beaucoup. Ils ont beaucoup vendu l'année dernière.

4/ *On vous dit :* « Ses parents voyagent beaucoup. »
Vous répondez : « Oui, ils ont toujours beaucoup voyagé. »

1. Ces clients commandent peu. 2. Le technicien travaille bien. 3. Marcel gagne peu. 4. Ce garçon sert mal. 5. Cet employé parle trop. 6. Notre chauffeur de camions conduit bien.

L'ordre des mots dans la phrase simple : synthèse

Ils ont beaucoup vendu l'année dernière.

5/ Placez les mots de la colonne de droite dans la phrase de départ qui correspond.

phrase de départ	mots à placer
La directrice est contre le projet.	nouvelle - absolument - du service commercial - depuis hier
Notre représentant réalise des ventes.	beaucoup - nouveau - extraordinaires - pour la France
Les sièges sont confortables.	ne... pas - reçus hier - de bureau - du tout

Cas professionnel.

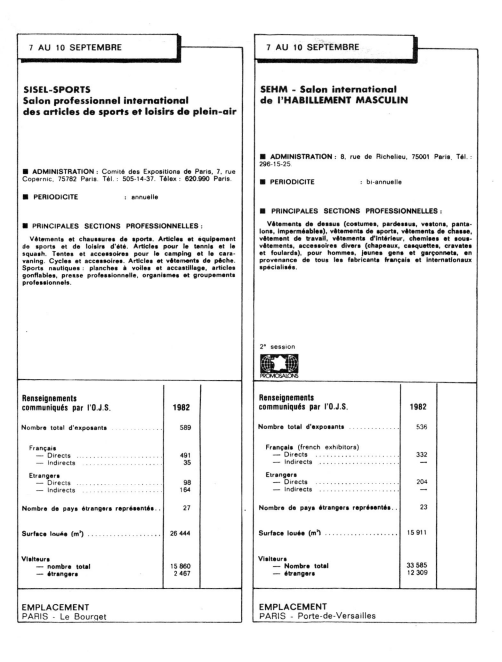

7 AU 10 SEPTEMBRE	7 AU 10 SEPTEMBRE
SISEL-SPORTS **Salon professionnel international des articles de sports et loisirs de plein-air**	**SEHM - Salon international de l'HABILLEMENT MASCULIN**

SISEL-SPORTS
Salon professionnel international
des articles de sports et loisirs de plein-air

■ ADMINISTRATION : Comité des Expositions de Paris, 7, rue Copernic, 75782 Paris. Tél. : 505-14-37. Télex : 620.990 Paris.

■ PERIODICITE : annuelle

■ PRINCIPALES SECTIONS PROFESSIONNELLES :

Vêtements et chaussures de sports. Articles et équipement de sports et de loisirs d'été. Articles pour le tennis et le squash. Tentes et accessoires pour le camping et le caravaning. Cycles et accessoires. Articles et vêtements de pêche. Sports nautiques : planches à voiles et accastillage, articles gonflables, presse professionnelle, organismes et groupements professionnels.

SEHM - Salon international
de l'HABILLEMENT MASCULIN

■ ADMINISTRATION : 8, rue de Richelieu, 75001 Paris. Tél. : 296-15-25.

■ PERIODICITE : bi-annuelle

■ PRINCIPALES SECTIONS PROFESSIONNELLES :

Vêtements de dessus (costumes, pardessus, vestons, pantalons, imperméables), vêtements de sports, vêtements de chasse, vêtement de travail, vêtements d'intérieur, chemises et sous-vêtements, accessoires divers (chapeaux, casquettes, cravates et foulards), pour hommes, jeunes gens et garçonnets, en provenance de tous les fabricants français et internationaux spécialisés.

2° session
PROMOSALONS

Renseignements communiqués par l'O.J.S.	1982
Nombre total d'exposants	589
Français	
— Directs	491
— Indirects	35
Etrangers	
— Directs	98
— Indirects	164
Nombre de pays étrangers représentés	27
Surface louée (m²)	26 444
Visiteurs	
— nombre total	15 860
— étrangers	2 467

EMPLACEMENT
PARIS - Le Bourget

Renseignements communiqués par l'O.J.S.	1982
Nombre total d'exposants	536
Français (french exhibitors)	
— Directs	332
— Indirects	—
Etrangers	
— Directs	204
— Indirects	—
Nombre de pays étrangers représentés	23
Surface louée (m²)	15 911
Visiteurs	
— Nombre total	33 585
— étrangers	12 309

EMPLACEMENT
PARIS - Porte-de-Versailles

Vous avez une usine pour tout ce qui concerne le ski (équipement, vêtements, chaussures, etc.). Un de vos partenaires en France vous a envoyé la documentation ci-dessus. Il vous suggère de participer à une ou même aux deux expositions. Vous écrivez une lettre à l'administration disant votre intention de participer dans votre domaine et demandant les conditions.

● Rédigez la lettre.

Dirigeants d'entreprises : impayés, manque de trésorerie, inflation des frais généraux freinent le développement et peuvent mettre en danger l'existence de votre Société.

Introductrice et leader en France de l'affacturage, technique moderne de gestion, la Société Française de Factoring vous permet une croissance saine et sûre sans aliéner, en rien, votre indépendance.

La Société Française de Factoring surveille la solvabilité de votre clientèle, gère vos factures, vous garantit leur paiement et en assure le financement à tout moment selon vos besoins.

La Société Française de Factoring vous assure à l'exportation les mêmes services qu'en France.

Tous ces services sont expliqués dans une documentation détaillée.

Demandez-la à M. Éric COLLIN, Société Française de Factoring, Tour d'Asnières, Avenue Laurent Cely, 92608 Asnières.

SOCIÉTÉ FRANÇAISE DE FACTORING

Le fortifiant des entreprises qui grandissent.

Société Française de Factoring International Factors France. Établissement financier enregistré. Société anonyme au capital de 25.000.000 F.
Siège social : Tour d'Asnières 92608 ASNIÈRES - Tél. : 791.44.44 - Télex 610139 - Agence de Lyon : I, rue des Quatre Chapeaux 69291 Lyon Cedex - Tél. : (7) 837.66.88.
Agence de Strasbourg : I, rue Thomann 67000 Strasbourg - Tél. : (88) 32.62.63.

Précis
commercial

1. L'entreprise

A Qu'est-ce qu'une entreprise ?

L'entreprise a une vie propre. Elle naît, croît, se développe, arrive à maturation et meurt. Chaque entreprise est une cellule de production de l'organisme social ; et l'ensemble des entreprises d'un pays constitue la « méga-machine » de production.

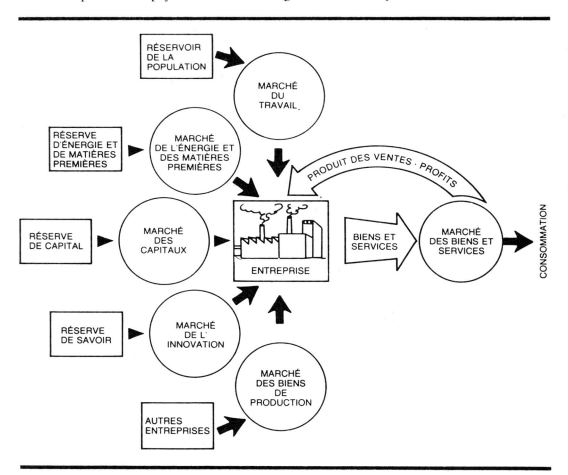

B Que faut-il pour faire marcher une entreprise ?

Il faut d'abord **une organisation**. Ce sont les départements spécialisés de l'entreprise avec leurs réseaux de communication :

— le département de production qui regroupe les usines, les ateliers et les machines ;
— le département commercial qui est relié à son réseau de distribution ;
— l'administration et la gestion qui sont les organes de la planification et du contrôle ;
— la recherche et le développement qui sont les sources de produits nouveaux.

Il faut aussi **des facteurs de production** : sous ce terme, on rassemble les éléments qui servent à « faire marcher » l'entreprise, c'est-à-dire du travail, du capital, de l'énergie, des matériaux et des informations.

C La structure de l'entreprise

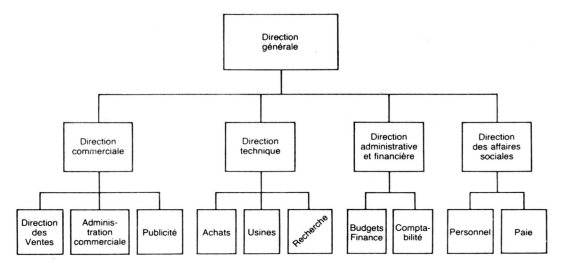

2. Les produits (classification)

A Les biens et services de consommation (vendus aux particuliers)

— **Produits de consommation courante, détruits à court terme :**
Denrées alimentaires, savons, essence auto, papeterie, etc.
— **Produits anomaux, achats non courants :**
Non durables : parfums, nouveautés de mode, produits de luxe, etc.
Durables non techniques : livres, meubles, vêtements, etc.
Durables techniques : automobiles, radio, télévision, etc.

B Les biens de « production » (vendus aux entreprises, collectivités, etc.)

— **Biens d'équipement :**
Machines industrielles, matériel de transport, matériel de bureau...
— **Produits industriels :**
Matières premières : coton, pétrole, céréales...
Produits intermédiaires (semi-ouvrés) : matériaux de construction, produits chimiques...

3. La politique des prix

A Les objectifs de la politique des prix

a. Par rapport à la concurrence

Par rapport à la concurrence, trois attitudes sont possibles :
— Pour interdire l'entrée sur le marché d'un concurrent, l'entreprise peut commercialiser

un nouveau produit à un prix tellement bas que le concurrent soit découragé.
— Les entreprises qui n'ont pas un poids assez important sur le marché sont condamnées
à « s'aligner » sur la concurrence.
— Pour « se démarquer » de la concurrence, l'entreprise peut pratiquer une politique de
prix très élevés, ou au contraire très bas.

b. Par rapport au marché

Deux grands types d'objectifs concernent le marché :
— La pénétration du marché : si l'objectif est d'obtenir une part de marché la plus
grande possible, on fixe des prix suffisamment bas pour toucher le plus grand nombre
possible de consommateurs.
— L'objectif d'écrémage du marché : dans ce cas, il s'agit de fixer un prix de vente élevé
pour donner au produit une image de qualité, de standing.

B Les contraintes

Les principales contraintes sont la législation sur les prix, la capacité de production de
l'entreprise, le prix du marché, le coût de revient, la conjoncture économique et enfin la
concurrence.

4. Acheter et vendre

A Critère de sélection des fournisseurs

Pour sélectionner les fournisseurs, les principaux critères sont :
— la régularité de la qualité
— le respect des délais de livraison
— le niveau des prix en général
— les aptitudes techniques (moyens de fabrication et rigueur du contrôle)
— l'honnêteté dans les livraisons
— les références fournies
— l'ancienneté et l'importance de la firme ainsi que sa situation financière.

Les principaux facteurs de l'achat sont :
— la qualité
— la quantité
— le prix
— le délai
— le mode de transport
— l'emballage
— le lieu de livraison
— le mode et les conditions de règlement.

Tous ces éléments doivent être précisés sur la commande.

B Négociation des conditions d'achat

Une étape importante du processus d'achat est la négociation avec les fournisseurs.
Il s'agit du face à face acheteur/vendeur.
Il faut atteindre un certain nombre d'objectifs au cours de la négociation d'achat :
— la spécification précise des produits et des moyens de contrôle
— la détermination des prix

— la fixation des modalités de paiement
— les conditions de livraison
— les délais de livraison et les pénalités de retard.

C Contrôles liés aux opérations d'achat

Lorsque la commande est passée, le processus d'achat n'est pas terminé ; il est nécessaire de procéder à trois types de contrôle :
— la surveillance des délais de livraison
— le contrôle des biens lors de la livraison
— le contrôle de la facture.

D Une forme de paiement compliquée mais sûre et très fréquente : le crédit documentaire

Cette forme de crédit permet de concilier deux exigences contradictoires dans le commerce international :
— l'acheteur souhaite donner à son fournisseur étranger la certitude qu'il sera payé sans régler comptant les marchandises qu'il a achetées ;
— le fournisseur étranger ne veut pas prendre le risque de consentir un délai de paiement à son acheteur.

Le crédit documentaire est l'opération par laquelle le banquier de l'acheteur (d'ordre et pour compte de celui-ci) s'engage à payer au vendeur étranger le prix de la marchandise contre remise des documents qui la représentent (connaissement, lettre de voiture, certificat d'origine, police d'assurance, etc.).

Circuit de l'opération de crédit documentaire

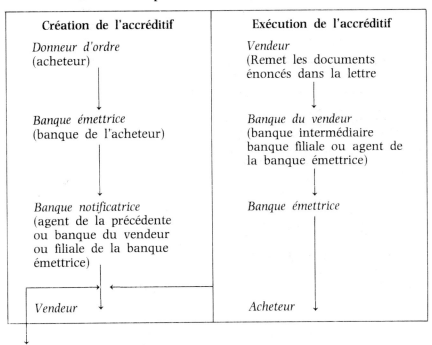

Création de l'accréditif	Exécution de l'accréditif
Donneur d'ordre (acheteur)	*Vendeur* (Remet les documents énoncés dans la lettre
Banque émettrice (banque de l'acheteur)	*Banque du vendeur* (banque intermédiaire banque filiale ou agent de la banque émettrice)
Banque notificatrice (agent de la précédente ou banque du vendeur ou filiale de la banque émettrice)	*Banque émettrice*
Vendeur	*Acheteur*

Utilisation éventuelle du « Transitaire »

En **pratique**, l'importateur demande à son banquier d'ouvrir, auprès de la banque de l'exportateur étranger, un **accréditif** (1) en faveur de celui-ci. Le banquier de l'exportateur notifie à son client l'accréditif ouvert en sa faveur. L'exportateur expédie alors les marchandises et se fait remettre par le transporteur les documents qu'il adresse à son banquier.

Celui-ci, après avoir vérifié la conformité de ces documents avec les stipulations de l'accréditif, règle le prix de la marchandise à l'exportateur et adresse les documents au banquier de l'acheteur. Le banquier rembourse alors son confrère étranger, puis remet les documents à son client, contre paiement du prix des marchandises.

5. La publicité et la promotion

La publicité

A Qu'est-ce que la publicité ?

La publicité est **une information**. Elle a pour objet de créer un lien entre le producteur et le consommateur qui, sans elle, s'ignoreraient. Fondamentalement, la publicité est la communication d'un message.

Cette information est communiquée avec une intention bien déterminée et avouée : **vendre**. La fonction essentielle de la publicité est donc de faire connaître un produit pour le faire demander.

B Les véhicules de communication publicitaire

Le message publicitaire est communiqué à la « cible » par le canal des médias et d'autres véhicules de communication.

On distingue traditionnellement cinq médias :
— l'affichage
— la télévision
— la radio
— le cinéma
— la presse.

Les autres véhicules de communication publicitaire sont principalement la « publicité sur le lieu de vente », c'est-à-dire présentoirs, enseignes mobiles, etc., et la publicité directe, distribuée à domicile sous forme de lettres, dépliants, prospectus, catalogues, etc.

La promotion des ventes

La promotion des ventes a pour cible :
— les représentants, qui vont proposer un produit à des distributeurs ;
— les distributeurs, qui vont vendre le produit au public et qu'il faut intéresser à la vente ;
— le consommateur, qui a le choix entre plusieurs offres et à qui il faut donner une raison « matérialisée » de préférer tel produit.

---

(1) C'est-à-dire un crédit d'une somme qui correspond au montant de la facture de sa commande.

Faire de la promotion des ventes consiste donc à ajouter un « plus » au produit.
Pour le consommateur, par exemple, ce « plus » pourra être un rabais, une prime ou la possibilité de participer à un concours.

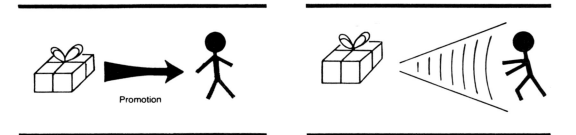

Promotion

D'après *Économie d'entreprise*, 1re G, D. Larue, Hachette ; *Principes et Pratiques de Gestion Financière*, R. Mazars et P. Rudelli, in *Encyclopédie Delmas pour la Vie des Affaires*, Masson ; *Pratique de l'achat*, H. Bernatère, Les Éditions d'Organisation.

Pour écrire en France

Les codes postaux. Les départements français

En général le code postal, composé du numéro du département et suivi de :

— 3 zéros   désigne la ville principale du département avec distribution normale :

— 2 zéros et 1 chiffre }
— 1 zéro et 2 chiffres }   désigne la ville principale du département avec distribution CEDEX

Exemples :

42000 désigne
SAINT-ÉTIENNE
(distribution normale)

42 est le n° du département de la Loire ;

42001, 42013 désignent
SAINT-ÉTIENNE
(distribution Cedex)

St-Étienne est la ville principale
du département de la Loire.

Précis
grammatical

La phrase simple

1. Éléments

<u>Le garçon</u>	apporte	<u>le menu</u>	<u>à la cliente</u>
G.N. sujet	*V.*	*G.N. complément direct*	*G.N. complément indirect* ou *G.N. prépositionnel*

Il
<u>Le garçon du restaurant</u> a apporté <u>le menu et la carte</u> <u>à la cliente de la table 16</u>

    G.N. sujet   *V.*   *G.N. complément*   *G.N. prépositionnel*
                                    direct

> **N.B. :**   *G.N.* : *groupe nominal*
>   *V.*   : *verbe*

2. Accords (nombre)

Je fais attention au détail. → **Nous** fais**ons** attention au**x** détail**s**.

L'ancien concierge apportait le journal. → **Les** ancien**s** concierge**s** apport**aient** le**s** journ**aux**.

Notre chèque est retourné par la banque. → No**s** chèque**s** **sont** retourné**s** par le**s** banque**s**.

Votre journal a beaucoup parlé de leur entreprise. → Vo**s** journ**aux** **ont** beaucoup parlé de leur**s** entreprise**s**.

3. Accords (genre)

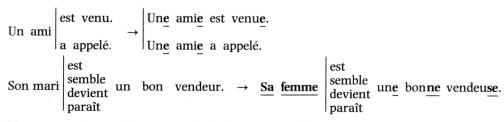

Un ami	est venu. a appelé.	→	Un**e** ami**e** est venu**e**. Un**e** ami**e** a appelé.
Son mari	est semble devient paraît un bon vendeur.	→	**Sa femme** est semble devient paraît une bon**ne** vendeu**se**.

Mon nouveau secrétaire a un**e** très bon**ne** formation.

Ma nouvell**e** secrétaire a un très bon contact.

4. Accords (genre et nombre)

Le concierge semble content. → **Les** concierge**s** sembl**ent** content**s**.

L**a** concierge semble content**e**. → **Les** concierge**s** sembl**ent** content**es**.

Monsieur et madame Laurent sembl**ent** contents.

Le groupe nominal

5. Le groupe nominal sujet

Il Paul Monsieur Marchand Le responsable Le principal responsable Le principal responsable du service	revient tout de suite.
G.N. sujet	

6. Le groupe nominal complément direct

Nous discutons | **le prix**
le dernier prix
le dernier prix proposé
le dernier prix proposé pour la commande

G.N. complément direct

7. Le groupe nominal complément indirect

● **Verbe + à + G.N.**

Nous avons pensé | **à** | **madame Defosse**
la commande
l' envoi
expédition
au règlement
aux commandes
envois
expéditions
règlements

G.N. prépositionnel

C'est déjà arrivé | **à** | **un client**
une cliente
des client(e)s

G.N. prépositionnel

● **Verbe + de + G.N.**

Les responsables ont discuté | **de mademoiselle Roux**
de la proposition
de l' accord
affaire
du document
des documents
affaires
de propositions
d' affaires

G.N. prépositionnel

J'ai besoin | **d'un(e) secrétaire**
de secrétaires

G.N. prépositionnel

● **Verbe à deux compléments**

Nous envoyons <u>un télex</u> <u>à monsieur Bridoux</u>.
　　　　　　　　1　　　　　　　2

Les clients préfèrent <u>le modèle TM6</u> <u>à l'ancien modèle</u>.
　　　　　　　　　　　　1　　　　　　　　2

Monsieur Johnson a présenté <u>son adjoint</u> <u>à madame Flouzat</u>.
　　　　　　　　　　　　　　1　　　　　2

Le directeur a chargé <u>monsieur Romain</u> <u>de cette affaire</u>.
　　　　　　　　　　　1　　　　　　　2

J'attendais <u>une réponse</u> <u>de monsieur Bridoux</u>.
　　　　　　1　　　　　　2

8. Le nom

● **masculin/féminin**

masculin		féminin
un collègue	→	une collègue
l'employé	+ **e**	l'employé**e**
le vendeur	-**eur** → -**euse**	la vend**euse**
le directeur	-**teur** → -**trice**	la direc**trice**
un ouvrier	-**er** → -**ère**	une ouvri**ère**
le pharmacien	-**ien** → -**ienne**	la pharmac**ienne**
un garçon	→	une fille

● **singulier/pluriel**

singulier			pluriel
une usine	+ **s**		des usines
un { bureau / jeu	+ **x**		des { bureau**x** / jeu**x**
le { journal / travail	-**al** / -**ail**	→ -**aux**	les { journ**aux** / trav**aux**

9. Le déterminant et le nom

Il existe des déterminants obligatoires et des déterminants facultatifs.
Déterminants obligatoires : expressions de quantité, articles définis et indéfinis, adjectifs possessifs et démonstratifs.
Déterminant facultatif : adjectif qualificatif.

Le | fournisseur (**habituel**) ne suffit pas.　　Vous avez | le dossier (**vert**)?
Un |　　　　　　　　　　　　　　　　　　　　　　　　　| un
Mon |　　　　　　　　　　　　　　　　　　　　　　　　 | mon
Ce |　　　　　　　　　　　　　　　　　　　　　　　　　| ce

Peu de clients ont répondu.
Nous avons **beaucoup de** travail.

10. L'article indéfini

masculin	pluriel	féminin
un	**des**	**une**
un camion	**des** camions	
	des voitures	**une** voiture
un concierge	**des** concierges	**une** concierge
un employé	**des** employés	
	des employées	**une** employée
un hôtel	**des** hôtels	
	des hôtesses	**une** hôtesse

11. L'article défini

masculin	pluriel	féminin
le, l'	**les**	**la, l'**
le restaurant	**les** restaurants	
	les chambres	**la** chambre
le touriste	**les** touristes	**la** touriste
le hasard	**les** hasards	
	les hauteurs	**la** hauteur
l'horaire	**les** horaires	
	les habitudes	**l'**habitude
l' achat envoi ingénieur ordre usage	**les** achats **les** envois **les** ingénieurs **les** ordres **les** usages	
	les adresses **les** entreprises **les** industries **les** options **les** usines	**l'** adresse entreprise industrie option usine

12. à + article défini

à + la → à la

Je l'ai dit **à la** secrétaire.
Il est resté **à la** maison.

à + le → au

Je l'ai dit **au** secrétaire.
Il est resté **au** Canada.

à + l' → à l'

Nous allons **à l'**hôpital.
Pensez **à l'**employé(e).

à + les → aux

Nous allons **aux** États-Unis.
Pensez **aux** employé(e)s.

13. de + article défini _____

de + la → **de la**

L'enveloppe **de la** lettre.
Nous avons parlé **de la** vente.

de + l' → **de l'**

Nous discutons **de l'**affaire.
L'adresse **de l'**hôtel...

de + le → **du**

La couverture **du** catalogue.
Nous avons parlé **du** dépliant.

de + les → **des**

Ils reviennent **des** Pays-Bas.
Le texte **des** lettres circulaires...

14. L'article défini/l'article indéfini (différences) _____

Je l'ai vu avec **le** client. → *le client bien précis (dont on vient de parler, qui est venu tout à l'heure, qui va venir, etc.)*

Je l'ai vu avec **un** client. → *n'importe quel client*

15. L'adjectif possessif _____

masculin		pluriel		féminin	
mon	chèque	**mes**	chèques	**ma**	demande
				mon	entreprise
			demandes		habitude
				ta	demande
ton	accord	**tes**	accords	**ton**	entreprise
					habitude
			entreprises	**sa**	demande
son	hôtel	**ses**	hôtels	**son**	entreprise
					habitude
notre		**nos**	habitudes	**notre**	demande
votre		**vos**		**votre**	entreprise
leur		**leurs**		**leur**	habitude

le frère du directeur → **son** frère ← le frère de la directrice
la sœur du directeur → **sa** sœur ← la sœur de la directrice

son secrétaire → le secrétaire | du directeur
                             | de la directrice

sa secrétaire → la secrétaire | du directeur
                             | de la directrice

16. L'adjectif démonstratif _____

masculin		pluriel		féminin	
ce chèque		**ces**	chèques	**cette**	demande
cet	accord		demandes		entreprise
	hôtel		accords		habitude
			entreprises		
			hôtels		
			habitudes		

17. L'expression de la quantité _____

de + *article défini :*	**de la :**	Ils exportent **de la** bière.
(une quantité de...)	**de l' :**	Ils exportent **de l'**eau minérale.
		Ils exportent **de l'**huile.
	de + **le → du :**	Ils exportent **du** vin.
	des :	Ils exportent **des** jus de fruit.

peu de, beaucoup de : Ils exportent

peu de	bière.
beaucoup de	vin.
	jus de fruits.
	machines.

peu d', beaucoup d' : Ils exportent

peu d'	eau minérale.
beaucoup d'	huile.
	oranges.

un peu | **de** + *nom singulier :* Ils exportent **un peu** | **de** bière.
d' | | **d'**huile.

ne pas | **de :** Ils n'exportent **pas** | **de** bière/**de** machines.
d' | | **d'**huile / **d'**oranges.

18. L'adjectif qualificatif (1) _____

pluriel	←	*masculin*	→	*féminin*	→	*pluriel*
autres	s +	autre, deuxième, large		autre	+ s	autres
fermés	s +	joli, bleu, vrai, fermé	+ e	fermée	+ s	fermées
ouverts	s +	ouvert, grand, fin, prochain	+ e	ouverte	+ s	ouvertes
français		français, gris, mauvais	+ e	française	+ s	françaises
complets	s +	complet, premier, étranger, dernier	+ è...e	complète, étrangère	+ s	complètes étrangères
bons	s +	bon, exceptionnel, épais	+ ne + le + se	bonne, exceptionnelle, épaisse	+ s	bonnes, exceptionnelles, épaisses
nouveaux	x +	nouveau, **eau** beau	→elle	nouvelle	+ s	nouvelles
avantageux		avantageux, x heureux, joyeux	→se	avantageuse	+ s	avantageuses
neufs	s +	neuf, **f** actif, sportif	→ve	neuve	+ s	neuves
princi**paux**	**aux**	←**al** principal, commercial	+ e	principale	+ s	principales

19. L'adjectif qualificatif (2)

in- : capable/**in**capable (connu, efficace, juste, utile...)
im- : possible/**im**possible (prudent, patient, prévu)
il- : légal/**il**légal (logique, limité)
ir- : régulier/**ir**régulier (réel, réaliste, raisonnable)
mal- : honnête/**mal**honnête (heureux, adroit, habile)

20. L'adjectif qualificatif place (3)

En général

- *se placent **avant le nom** :* les nombres, **autre, nouveau, jeune, vieux, vrai, mauvais, bon, beau, joli, grand, petit**
- *se placent **après le nom** :* les adjectifs de couleur (**blanc, jaune,** etc.) et le participe passé (**distingué, ouvert,** etc.)
- *pour les autres, la place est **variable**.*

21. Le pronom personnel sujet

	une seule personne	*plusieurs personnes*
personne qui parle	**je**	**nous**
personne à qui on parle	**tu, vous** (1)	**vous**
autre personne	**il, elle, on**	**ils, elles**

(1) « tu » si la personne est un(e) ami(e).

<u>Madame Dufour</u> va revenir.   <u>Monsieur Dufour</u> va revenir.
  G.N. sujet   *G.N. sujet*
  Elle   va revenir.   **Il**   va revenir.

<u>Madame Dufour et sa fille</u> vont revenir. <u>Monsieur Dufour et son fils</u> vont revenir.
  G.N. sujet   *G.N. sujet*
    Elles   vont revenir.   **Ils**   vont revenir.

<u>Monsieur Dufour, madame Dufour et leur fille</u> vont revenir.
            G.N. sujet
          Ils   vont revenir.

22. Le pronom personnel apposé

Moi, je dicte les circulaires.   **Lui, il** cherche des enveloppes.
Toi, tu choisis les adresses.   **Eux, ils** tapent les adresses.
Vous, vous tapez les lettres.   **Elle, elle** trouve des timbres.
Et nous, nous faisons quoi ?   **Et elles, elles** mettent les lettres dans les enveloppes.

23. Le pronom personnel complément direct _____

- Elle tape <u>le courrier</u> ? Oui, elle **le** tape tout de suite.

  Elle apporte | <u>la lettre</u> ? Oui, elle **l'**apporte tout de suite.
  | <u>le courrier</u> ?

  Elle tape <u>la lettre</u> ? Oui, elle **la** tape tout de suite.

  Vous modifiez <u>les</u> | <u>plans</u> ?   Non, nous **les** modifierons plus tard.
  | <u>instructions</u> ?

  Vous connaissez | <u>le responsable</u> ? Oui, je | **le** connais depuis longtemps.
  | <u>la</u> | **la**

  Non, je ne | **le** connais pas.
  | **la**

- Il expliquera <u>les plats</u>. → Il **les** expliquera (il ne **les** expliquera pas).
  Il va expliquer <u>les plats</u>. → Il va **les** expliquer (il ne va pas **les** expliquer).
  Il doit finir <u>son travail</u>. → Il doit **le** finir (il ne doit pas **le** finir).

- Prenez <u>vos affaires</u>.   → Prenez-**les**.
  Ne prenez pas <u>vos affaires</u>. → Ne **les** prenez pas.
  Vous avez confirmé <u>le télex</u> ? Oui, je **l'**ai confirmé ce matin.
                  Non, je ne **l'**ai pas confirmé sans votre ordre.

24. Le pronom personnel complément indirect _____

- Je téléphone | à | madame Fournier | → Je **lui** téléphone.
  | | monsieur

  | à + G.N. *(personne)*

  Je téléphone | à monsieur et madame | → Je **leur** téléphone.
  | Fournier

  | à + G.N. *(personnes)*

- Je ne | **lui** téléphone pas.
  | **leur**

  Téléphonez- | **lui**.   Ne | **lui** téléphonez pas.
  | **leur** | **leur**

  Il va | **lui** téléphoner. Il ne va pas | **lui** téléphoner.
  | **leur** | **leur**

  Je **lui** ai téléphoné ; je ne **lui** ai pas téléphoné.

- Il pense à | **moi**   Je pense à | **lui**
  | **toi** | **elle**
  | **nous** | **eux**
  | **vous** | **elles**

25. Le pronom personnel complément direct ou indirect _____

direct		indirect	
Je	le connais la les	Je	lui parle leur
	Il	me te nous vous	connaît parle

26. Les doubles pronoms _____

Il **me (te, nous, vous)** téléphone la nouvelle. → Il **me (te, nous, vous)** **la** téléphone.
Je **lui (leur)** téléphone la nouvelle.   → Je **la lui (leur)** téléphone.
Je **le** rends à son propriétaire.   → Je **le lui** rends.

27. Y et En = $\frac{à}{de}$ + G.N. (chose) _____

Il se met <u>au travail</u> ?   Vous vous occupez <u>de la commande</u> ?

     G.N. prépositionnel   *G.N. prépositionnel*
        (chose)   *(chose)*

Oui, il s'**y** met lentement.   Je m'**en** occupe tout de suite.

28. Y et En (l'expression du lieu) _____

où | *l'on va* → **y** → Tu vas <u>à Paris</u> ? Oui, j'**y** vais ce soir.
     | *l'on est*

d'où l'on vient → **en** → Ils reviennent <u>d'Égypte</u>. Ils **en** reviennent contents.

29. En (l'expression de la quantité) _____

Elles gagnent de l'argent ? Oui, elles **en** gagnent ⟨ **(un peu)**.
                                                   (beaucoup).

30. Y et En (place) _____

J'y vais ? Vas-**y**.
J'en prends ? Prends-**en**.

31. Le pronom réfléchi

Je **me** suis décidé(e).
Tu **t'**es décidé(e).

Il Elle	s'est	décidé. décidée.

Nous **nous** sommes décidé(e)s.
Vous **vous** êtes décidé(e)(s).

Ils Elles	se sont	décidés. décidées.

32. Le pronom possessif

Chose possédée \ Possesseur →		je	tu	il, elle	nous	vous	ils, elles
Une seule	masculin	le mien	le tien	le sien	le / la nôtre	le / la vôtre	le / la leur
	féminin	la mienne	la tienne	la sienne			
Plu-sieurs	masculin	les miens	les tiens	les siens	les nôtres	les vôtres	les leurs
	féminin	les miennes	les tiennes	les siennes			

33. Le pronom démonstratif

Vous voulez

ce livre ?	— Non, donnez-moi **celui-ci/celui-là.**
cette table ?	— Non, donnez-moi **celle-ci/celle-là.**
ces documents ?	— Non, donnez-moi **ceux-ci/ceux-là.**
brochures ?	— Non, donnez-moi **celles-ci/celles-là.**

Le verbe

34. Le présent (formes)

	être	avoir	aller	venir	faire	dire	pouvoir	vouloir
je/j'	suis	ai	vais	viens	fais	dis	peux	veux
tu	es	as	vas	viens	fais	dis	peux	veux
il, elle, on	est	a	va	vient	fait	dit	peut	veut
nous	sommes	avons	allons	venons	faisons	disons	pouvons	voulons
vous	êtes	avez	allez	venez	faites	dites	pouvez	voulez
ils, elles	sont	ont	vont	viennent	font	disent	peuvent	veulent

	fermer	changer	commencer	acheter	considérer	appeler	essayer	voir
je/j'	ferme	change	commence	achète	considère	appelle	essaie	vois
tu	fermes	changes	commences	achètes	considères	appelles	essaies	vois
il, elle, on	ferme	change	commence	achète	considère	appelle	essaie	voit
nous	fermons	changeons	commençons	achetons	considérons	appelons	essayons	voyons
vous	fermez	changez	commencez	achetez	considérez	appelez	essayez	voyez
ils, elles	ferment	changent	commencent	achètent	considèrent	appellent	essaient	voient

	finir	lire	écrire	dormir	partir	offrir	servir	devoir
je/j'	finis	lis	écris	dors	pars	offre	sers	dois
tu	finis	lis	écris	dors	pars	offres	sers	dois
il, elle, on	finit	lit	écrit	dort	part	offre	sert	doit
nous	finissons	lisons	écrivons	dormons	partons	offrons	servons	devons
vous	finissez	lisez	écrivez	dormez	partez	offrez	servez	devez
ils, elles	finissent	lisent	écrivent	dorment	partent	offrent	servent	doivent

	descendre	connaître	prendre	mettre	joindre	croire	vivre	savoir
je/j'	descends	connais	prends	mets	joins	crois	vis	sais
tu	descends	connais	prends	mets	joins	crois	vis	sais
il, elle, on	descend	connaît	prend	met	joint	croit	vit	sait
nous	descendons	connaissons	prenons	mettons	joignons	croyons	vivons	savons
vous	descendez	connaissez	prenez	mettez	joignez	croyez	vivez	savez
ils, elles	descendent	connaissent	prennent	mettent	joignent	croient	vivent	savent

Se conjuguent comme :

venir : prévenir, revenir, (se) souvenir, tenir

fermer : adresser, aider, aimer, amuser, annuler, apporter, arrêter, arriver, assister, augmenter — cacher, chanter, chercher, circuler, classer, commander, comparer, compter, confirmer, continuer, coucher — décider, déjeuner, demander, désirer, discuter, donner, durer — éclairer, écouter, emporter, entreposer, entrer, étonner, étudier, examiner, expédier, expliquer, exporter — gagner, garder — habiter — imaginer, importer, installer, intéresser — jouer — lancer, livrer — manquer, marcher, (se) méfier, modifier, montrer, (se) moquer — noter — occuper, opposer, oublier — parler, passer, penser, porter, préparer, présenter, publier — raccompagner, raconter, réaliser, réclamer, reconstituer, refuser, regarder, remercier, rencontrer, renseigner, réparer, ressembler, rester, retourner — sembler, signer, sonner, supposer — téléphoner, terminer, tomber, traiter, transporter, travailler, trouver — utiliser — vérifier, visiter

changer : juger, manger, obliger, partager, ranger, voyager

commencer : effacer, forcer, lancer, placer

acheter : amener (amène) — promener (promène) — lever (lève) — peser (pèse)

considérer : préférer

essayer : employer, ennuyer, envoyer, payer

voir : revoir, prévoir

finir : choisir, fournir, grandir, rajeunir, réagir, remplir, réunir

lire : conduire, produire, plaire

partir : sentir, sortir

offrir : accueillir, découvrir, ouvrir

devoir : apercevoir, recevoir (aperçoivent, reçoivent)

descendre : attendre, entendre, perdre, rendre, répondre, vendre

prendre : apprendre, comprendre, reprendre

mettre : battre, promettre, remettre

35. L'imparfait (formes) _____

(nous <u>all</u>-ons)	j' all**ais**	(nous <u>finiss</u>-ons)	je finiss**ais**
	tu all**ais**		tu finiss**ais**
	il, elle, on all**ait**		il, elle, on finiss**ait**
	nous all**ions**		nous finiss**ions**
	vous all**iez**		vous finiss**iez**
	ils, elles all**aient**		ils, elles finiss**aient**

Seule exception : **être** → j'étais, tu étais, il était, nous étions, vous étiez, ils étaient

36. Le futur et le conditionnel (formes) _____

futur : **fermer** → je <u>ferme</u>**rai**   **acheter** → j'achète**rai**   **écrire** → j'écri**rai**
        tu <u>ferme</u>**ras**   **considérer** → je considére**rai**   **descendre** → je descend**rai**
        il, elle, on ferme**ra**   **appeler** → j'appelle**rai**   **dormir** → je dormi**rai**
        nous ferme**rons**
        vous ferme**rez**
        ils, elles ferme**ront**

conditionnel : **fermer** → je <u>ferme</u>**rais**   **acheter** → j'achète**rais**   **écrire** → j'écri**rais**
        tu <u>ferme</u>**rais**   **considérer** → je considére**rais**   **descendre** → je descend**rais**
        il, elle, on ferme**rait**   **appeler** → j'appelle**rais**   **dormir** → je dormi**rais**
        nous ferme**rions**
        vous ferme**riez**
        ils, elles ferme**raient**

être → je serai	**avoir** → j'aurai	**aller** → j'irai	**venir** → je viendrai	**faire** → je ferai
je serais	j'aurais	j'irais	je viendrais	je ferais
pouvoir → je pourrai	**vouloir** → je voudrai	**voir** → je verrai	**devoir** → je devrai	**savoir** → je saurai
je pourrais	je voudrais	je verrais	je devrais	je saurais

37. Le participe passé _____

- — **é** : fermer → **fermé** (*même chose pour* aller, changer, commencer, acheter, considérer, appeler, essayer)

- — **i** : finir → **fini** (*même chose pour* accueillir, dormir, partir, servir)

- — **u** : lire → **lu**, venir → **venu**
  apercevoir → **aperçu**, devoir → **dû**, pouvoir → **pu**, recevoir → **reçu**,
  savoir → **su**, voir → **vu**, vouloir → **voulu**
  battre → **battu**, connaître → **connu**, croire → **cru**, descendre → **descendu**,
  plaire → **plu**, vivre → **vécu**

- — **is** : mettre → **mis**, prendre → **pris**

- — **t** : conduire → **conduit**, écrire → **écrit**, joindre → **joint**, offrir → **offert**

> **N.B. :** Lorsqu'un verbe indiquant une série au § **34** apparaît, la formation du participe passé est la même pour tous les verbes de la série, sauf indication contraire (*ex :* offrir → **offert** ; découvrir → **découvert** ; ouvrir → **ouvert**. MAIS accueillir → **accueilli**).

- **être** → **été** | avoir → **eu** | faire → **fait** | dire → **dit**

38. Le passé composé (être + participe passé) _____

— *avec les verbes :* aller/venir/revenir, sortir/entrer, arriver/partir, monter/descendre, rester/passer, tomber, retourner, naître (p.p. : **né**)/mourir (p.p. : **mort**)

Il **est** passé hier soir.   — Elle **est** passée hier soir.
Ils **sont** passés hier soir. — Elles **sont** passées hier soir.

— *avec des verbes pronominaux :* se méfier, se moquer, se souvenir...
Paul et Nicole **se sont** méfiés de nous.

39. Le passé composé (avoir + participe passé) _____

Tous les autres verbes : Ils ont **vu** la nouvelle machine.

N.B. : La lettre ? Je l'ai envoyée hier. Les lettres ? Je **les** ai envoyées hier.	Le télex ? Je l'ai envoyé hier. Les télex ? Je **les** ai envoyés hier.

40. Le plus-que-parfait _____

imparfait de | être + **participe passé**
                | avoir
Ils **étaient** déjà **venus**. Ils avaient encore **perdu**.

41. Le futur antérieur _____

futur de | être + **participe passé**
          | avoir
Nous **serons** déjà **partis**. Nous **aurons** certainement **expédié** la commande.

42. Le présent (valeurs) _____

- *fait habituel dans le passé, le présent, l'avenir*
  Ils fabriquent des machines à laver.

- *fréquence dans le passé, le présent, l'avenir*
  Les représentants passent tous les 15 jours.

43. Le futur (valeurs) _____

- *déterminé/indéterminé*
  Il va venir *(bientôt, tout de suite)*.
  Il viendra *(un jour, mais quand ?)*.

- *certitude/probabilité*
  Il viendra, il va venir *(c'est certain)*.

  Il doit venir *(il viendra... peut-être)*.

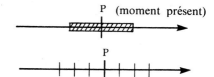

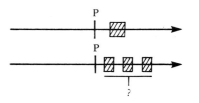

• *accompli/non accompli*
En mai, nous déménagerons.

En mai, nous aurons déménagé.

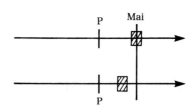

44. L'imparfait et le passé composé (valeurs)

• *habituel/une seule fois*
La secrétaire partait à 19 h *(chaque soir).*
La secrétaire est partie à 19 h 30 *(ce jour-là).*

• *moment précis, action qui dure*
Quand je suis arrivé, ils mangeaient.
      1   2

• *accompli/non accompli*
Lundi dernier, ils ont installé la machine *(et c'est fini).*
Lundi dernier, ils installaient la machine *(et on ne sait pas si c'est fini).*

• *vérité générale dans le passé*
Avant la crise, on vivait bien.

Le déterminant du verbe : l'adverbe

45. L'adverbe (de temps et de lieu)

Ils travaillent. → Ils travaillent | aujourd'hui
                                      | dedans
                  → Ils travaillent | demain
                                      | dehors
                  → Ils ont travaillé | hier, avant-hier
                                      | dedans, dehors

lieu : ici/là, dessus/dessous, en avant/en arrière, devant/derrière, loin/près, partout/quelque part/nulle part

temps :

| autrefois | avant-hier | hier | aujourd'hui maintenant | demain bientôt | après-demain | plus tard |

46. L'adverbe (de manière)

exceptionnel → exceptionnelle → Ils ferment **exceptionnellement.**

47. L'adverbe (de quantité)

Ils ont	beaucoup de travail. peu trop, assez	Ils travaillent	beaucoup. peu trop, assez

48. L'adverbe (place)

Se placent toujours avant le participe passé : **souvent, toujours, jamais, longtemps, encore, déjà, bien, mal, beaucoup, peu, assez, trop.**

Il parle **bien**.   → Il a **bien** parlé.
Il vient **souvent**. → Il est **souvent** venu.

Quelques aspects notionnels

49. L'affirmation

M. Leroy a appelé ?   → Oui, il a appelé pendant votre absence.
M. Leroy n'a pas appelé ? → Si, il a appelé pendant votre abscence.

50. L'interrogation

Vous avez vos billets ?   Où est-ce qu'il faut l'envoyer ?
Est-ce qu'ils ont ce modèle ?   On l'expédie quand ?
Avez-vous pensé à la commande ?   Comment allez-vous en Italie ?

51. La négation

Je n'aime pas ce modèle.   → Je n'ai pas aimé ce modèle.
Tu ne parles jamais.   → Tu n'as jamais parlé.
Il ne commande rien.   → Il n'a rien commandé.
Nous ne téléphonons plus.   → Nous n'avons plus téléphoné.

« Vous vendez des meubles ? — Non, nous ne vendons pas de meubles. »
« Ils ont offert une garantie ? — Non, ils n'ont pas offert de garantie. »

52. L'expression du lieu

Lieu	Nous recevons des marchandises...	Nous installons Nous envoyons	du matériel...
la Belgique l'Allemagne le Sénégal les Caraïbes	de Belgique d'Allemagne du Sénégal des Caraïbes	en | France | Allemagne au Sénégal aux Caraïbes	
Nîmes	de Nîmes	à Nîmes	
la fabrique le bureau central l'usine l'atelier les entrepôts	de la fabrique du bureau central de l'usine de l'atelier des entrepôts	à la fabrique au bureau central à l'usine à l'atelier aux entrepôts	

53. Adverbes et prépositions de lieu

	Adverbes	Prépositions
Il habite	loin/près	loin/près de l'usine
Il construit	devant/derrière	devant/derrière la gare
Nous vivons		en ville, à la campagne, sur la colline, dans les environs
Mettez-le Placez-le	ici/là autour à droite/à gauche	autour de la maison à droite/à gauche de l'arbre

54. L'expression du moment

Nous l'avons envoyé ↗ le 10 mai.
                      ↘ il y a 3 semaines.

Il y a 20 ans, il a habité Paris.

Il y a 20 ans, il habitait Paris.

Nous expédions le colis ↗ le 21 juin.
                    ↘ dans 3 semaines.

	la commande était partie.
Quand il a téléphoné,	la commande partait.
	la commande est partie.
1	2

	qu'il travaille.
Je pense	qu'il a travaillé.
	qu'il travaillera.
	va travailler.
1	2

Il dit que nous sommes en retard. → Il dis**ait** que nous **étions** en retard.

avant-hier	← hier	← aujourd'hui	→ demain	→ après-demain
l'avant-veille le jour d'avant	← la veille	← (moment futur ou passé)	→ le lendemain	→ le surlendemain le jour d'après

55. L'expression de la durée

Il y a 3 mois que je travaille à la banque.
Je travaille à la banque depuis 3 mois. / le 20 mars.

En 1986, il y avait 2 ans qu'il travaillait à la banque.
En 1986, il travaillait à la banque depuis 2 ans. / 1984.

Nous travaillons au projet.
Nous avons travaillé au projet.

| Le technicien | restera reste va rester | pendant 2 mois. jusqu'au 8 juin. |

56. L'expression de la comparaison et de l'intensité

La firme Ranco a lancé une nouvelle machine...

Elle est **aussi plus moins** efficace chère — **aussi moins** bonne — **meilleure** que notre modèle S.V. 92.

Et pourtant, je pensais que la S.V. 92 était **très la plus la moins** efficace chère — **la meilleure**

D'après *Cartes sur table*, R. Richterich, B. Suter, Hachette.

Glossaire

A

Accusé de réception	Empfangsbestätigung	Aknowledgment of receipt	Acuse de recibo
Achat	Kauf	Purchase	Compra
Addition	Rechnung	Bill	Cuenta
Adresse	Adresse	Address	Dirección
Aéroport	Flughafen	Airport	Aeropuerto
Affaire	Geschäft, Angelegenheit	Business, Transaction	Negocio
Agence de voyages	Reisebüro	Travel agency	Agencia de viajes
Argent	Geld	Money	Dinero
Arrivée	Ankunft	Arrival	Llegada
Article	Artikel	Item	Artículo
Artisanat	Handwerk	Craftsmanship	Artesanado
Augmenter	erhöhen, vergrössern	to increase	Aumentar
Autobus	Autobus	Bus	Autobus
Avion	Flugzeug	Plane	Avión

B

Baisser	senken, verringern	to lower	bajar
Banque	Bank	Bank	Banco
Billet d'avion	Flugschein	Air-ticket	Billete de avión
Billet de banque	Geldschein, Banknote	Banknote	Billete de banco
Billet de train	Fahrkarte	Railway-ticket	Billete de tren
Bon de commande	Bestellschein	Order form	Orden de pedido

C

Camion	Lastwagen	Lorry	Camión
Camping (Terrain de)	Campingplatz	Camping site	Camping
Carte (géographique)	Landkarte	Map	Mapa geográfico
Carte de crédit	Kreditkarte	Credit card	Tarjeta de crédito
Carte de visite	Visitenkarte	Visiting card	Tarjeta de visita
Catalogue	Katalog, Warenverzeichnis	Catalogue	Catálogo
Catégorie	Kathegorie	Class category	Categoría
Certificat d'origine	Ursprungszeugnis	Certificate of origin	Certificado de origen
Certificat de circulation des marchandises	Warenverkehrsbescheinigung		Guía de mercancías
Chambre avec bain et W.C.	Zimmer mit Bad und W.C.	Bedroom with private bathroom and toilets	Habitación con baño Habitación con lavabo
Chambre avec cabinet de toilette	Zimmer mit Warm- und Kaltwasser	Bedroom with hot and cold running water	
Chambre avec douche	Zimmer mit Dusche	Bedroom with shower	Habitación con ducha
Chambre d'hôtel	Hotelzimmer	Hotel room	Habitación de hotel
Changer des billets de banque	Banknoten wechseln	to change money	Cambiar
Chemin de fer	Eisenbahn	Railway	Ferrocarril
Chèque	Scheck	Cheque	Cheque, Talón
Chèque de voyage	Reisescheck	Traveller's cheque	Cheque de viaje
Circulaire	Rundschreiben	Circular letter	Circular
Client	Kunde, Gast, Klient	Customer	Cliente
Colis (par colis séparé)	Pospaket (mit getrennter Post)	Parcel	Paquete (por separado)
Collection	Kollektion	Collection	Colección
Commande	Bestellung	Order	Pedido
Commander	bestellen	to order	Pedir
Communication téléphonique	Telephongespräch	Phone call	Conferencia telefónica
Compagnie aérienne	Luftfahrtsgesellschaft	Air company	Compañía aérea
Comptant	bar	Cash	al contado
Compte en banque	Bankkonto	Bank account	Cuenta
Concessionnaire	Vertreter, Händler	Concessionary	Concesionario
Concurrence	Konkurrenz	Competition	Competencia
Concurrent	Konkurrent	Competitor	Competidor
Conditions	Bedingungen	Conditions	Condiciones
Confirmation	Bestätigung	Confirmation	Confirmación

Confirmer	bestätigen	to confirm	confirmar
Consentir une remise	einen Preisnachlass gewähren	to allow a discount	hacer un descuento
Contrat	Vertrag	Contract	Contrato
Copie	Kopie	Copy	Copia
Courrier	Post	Mail	Correo
Crédit	Kredit	Credit	Crédito
Crédit documentaire	Dokumentenkredit, Akkreditiv	Documentary credit	Crédito documental
Créditer	gutschreiben	to credit	creditar
Curriculum vitae	Lebenslauf	Curriculum vitae	Curriculum vitae

D _____

Débit	Lastschrift	Debit	Debo
Défaut	Fehler, Mangel	Fault	Defecto
Déjeuner	Mittagessen	Lunch	Comida
Délai	Frist	Time limit	Plazo
Demande	Anfrage, Nachfrage	Request	Demanda, Solicitud, Petición
Demi-pension	Halbpension	Half-board	Media pensión
Départ	Abreise	Departure	Salida
Dépliant	Prospekt	Folder	Folleto
Désignation	Warenbezeichnung	Description	Designación
Détaillant	Detailhändler	Retailer	Detallista
Dîner	Abendessen	Dinner	Cena
Directeur (commercial)	Kommerzieller Direktor	Commercial manager	Director (comercial)
Document	Unterlage	Document	Documento
Documentation	Unterlagen	Documentation	Documentación
Dossier	Akt, Dossier	File	Informe
Douane	Zoll	Customs	Aduana

E _____

Echantillon	Warenmuster	Sample	Muestra
Emballage	Verpackung	Packing	Empaquetado
Employé(e)	Angestellte(r)	Employee	Empleado(a)
Entreprise	Unternehmen	Firm	Empresta
Entrevue	Unterredung	Meeting	Entrevista
Environs	Umgebung	Surroundings	Alrededores
Envoi	Warensendung	Dispatch	Envío
Envoyer	senden, schicken	to send	enviar
Etablissement	Firma, Betrieb	Establishment	Establecimiento
Eurochèque	Euroscheck	Eurocheque	Eurocheque
Exécution de la commande	Ausführung des Auftrags	Carrying out of an order	Ejecución, cumplimiento del pedido
Excursion	Ausflug	Excursion	Excursión
Expédier	senden, versenden	to dispatch	expedir
Expédition	Versand	Dispatching	Expedición
Exporter	exportieren	to export	exportar
Exportateur	Exporteur	Exporter	Exportador
Exportation	Export	Exportation	Exportación
Extrait	Auszug	Extract	Extracto

F _____

Fabrication	Herstellung	Manufacture	Fabricación
Facturation	Fakturierung	Invoicing	Facturación
Facture	Rechnung, Faktura	Invoice	Factura
Faire une offre	ein Angebot machen	to bid, to make a bid	hacer una oferta
Filiale	Filiale	Branch	Filial
Firme	Firma	Firm	Firma
Foire	Messe	Exhibition	Feria de muestras
Fournir	liefern	to supply	abastecer de
Fournisseur	Lieferant	Supplier	Abastecedor, proveedor
Frais	Kosten	Expenses	Gastos

G _____

Gamme (de produits)	Produktionsreihe, Produktfächer	Range (of products)	Gama (de productos)
Groupe de touristes	Touristengruppe	Group of tourists	Grupo de turistas
Groupe industriel	Konzern	Industrial holding	Grupo industrial
Guide	Reisefährer	Guide	Guía

H _____

Horaires de train	Zugsfahrplan	Railway timetable	Horarios de tren
Hôtel	Hotel	Hotel	Hotel

I _____

Importation	Import	Importation	Importación
Importateur	Importeur	Importer	Importador
Importer	importieren, einführen	to import	importar
Informer	informieren, mitteilen	to inform	informar
Instruction	Anweisung	Education	Instrucción

L _____

Lettre	Brief	Letter	Carta
Lettre de change	Wechsel	Bill of exchange	Lettra de cambio
Liste des prix	Preisliste	Price-list	Lista de precios
Livraison	Lieferung	Delivery	Entrega
Livrer	liefern	to deliver	entregar
Logement chez l'habitant	Privatzimmer	Accomodation in a private house	Alojamiento en casa particular
Lots	Posten, Warenposten	Lots	Lotes

M _____

Maison	Haus, Firma	House	Casa
Maison d'expédition	Versandhaus	Transport firm	Casa de expedición
Maison mère	Stammhaus	Head office	Caza matriz
Maître d'hôtel	Maître d'hôtel	Head waiter	« Maître d'hôtel »
Marchandise	Ware	Goods	Mercancía
Marketing	Marketing	Marketing	Marketing
Matière	Stoff, Material, Gebiet	Material	Asunto, Materia
Menu	Menü	Menu	Menú
Message	Nachricht	Message	Mensaje, recado
Modalités de paiement	Zahlungsform	Terms of payment	Modalidades de pago
Mode de transport	Transportart	Way of transport	Modo de transporte
Modèle	Modell	Model	Modelo
Modification	Abänderung	Modification	Modificación
Monnaie	Wärung, Kleingeld	Change	Moneda
Montant	Betrag	Amount	Importe

N _____

Note	Rechnung, Mitteilung	Bill	Nota
Nouveautés	Neuheiten	Fancy goods, New products	Novedades
Numéro	Nummer	Number	Número

O _____

Objet	Betreff	Object	Objeto
Offre	Angebot	Bid, Offer	Oferta
Option	Option	Option	Opción
Ordre	Auftrag	Order	Orden
Ordre de paiement	Zahlungsauftrag	Bill of payment	Libramiento
Origine	Ursprung	Origin	Origen

P _____

Paiement	Zahlung	Payment	Pago
Partenaire	Partner	Partner	Socio
Passager	Passagier, Reisender	Passenger	Pasajero
Passer une commande	eine Bestellung aufgeben	to place an order	hacer un pedido
Pension complète	Vollpension	Full-board	Pensión completa
Petit déjeuner	Frühstück	Breakfast	Desayuno
Pièce d'identité	Ausweispapier	Identification papers	Documento de identidad
Pièce de monnaie	Geldstück, Münze	Coins	Moneda
Pièces jointes	Beilagen	Enclosures	Piezas adjuntas
Plan de la ville	Stadtplan	City-map	Plano de la ciudad
Plat	Gericht, Speise	Dish	Plato
Poids (brut)	Gewicht, Bruttogewicht	Weight	Peso
Poste de téléphone	Klappe (des Telephons)	Phone extension	Teléfono
Précision	Präzisierung	Precise detail	Precisión
Présentation	Aufmachung, Verpackung	Presentation	Presentación
Prix	Preis	Price	Precio
Production	Herstellung	Production	Producción
Programme	Programm	Programm	Programa
Promotion	Werbeaktion	Promotion	Promoción
Proposer une affaire	ein Geschäft vorschlagen	to propose a deal	proponer un negocio
Proposition	Vorschlag	Proposal	Propuesta
Publicité	Werbung	Advertising, Publicity	Publicidad

Q _____

Qualité	Qualität	Quality	Calidad

R _____

Réception	Erhalt, Empfang	Reception	Recepción
Réceptionnaire	Rezeptionsangestellte(r)	Receptionnist	Consignatario de la carga
Recevoir	erhalten	to receive	recibir
Réclamation	Reklamation	Claim, Complaint	Reclamación
Réclamer	reklamieren	to claim	reclamar
Réduction	Preisnachlass, Verringerung	Reduction	Reducción
Référence	Hinweis, Zeichen	Reference	Referencia
Région	Gebiet	Region	Región
Remise	Preisnachlass	Discount	Descuento
Rendez-vous	Termin, Treffen	Appointment	Cita
Renseignement	Auskunft	Information	Información
Réponse	Antwort	Answer	Respuesta
Représentant	Vertreter	Representative	Representante
Réservation	Reservierung	Reservation	Reserva
Réserver une table	einen Tisch bestellen	to reserve a table	reservar una mesa
Responsable (des ventes)	Beauftragter, Zuständiger	Sales manager	Responsable (de ventas)
Restaurant	Restaurant	Restaurant	Restaurante

188

S ——

Salon (de l'automobile)	Ausstellung (Automesse)	Car show	Salón (del automóvil)
Service	Dienstleistung, Dienst	Service	Servicio
Service (commercial)	Abteilung (Vertriebsabteilung)	(marketing) Departement	Servicio (comercial)
Service accueil	Empfangsbüro	Welcome service	Servicio-información
Société	Gesellschaft	Company	Sociedad
Somme	Summe	Amount	Suma
Stage	Fortbildungslehrgang	Practical training course	Prácticas-cursillo
Standard (téléphonique)	Telephonzentrale	(phone) Switch-board	Centralita telefónica
Stock	Lager	Stock	Existencias, Stock

T ——

Taille	Grösse, Umfang	Size	Talla
Tarif	Tarif	Price-list	Tarifa
Taux de change	Wechselkurs	Rate of exchange	Tasa de cambio
Taxe	Abgabe, Steuer	Tax	Impuesto, Tasa
Taxi	Taxi	Taxi	Taxi
Téléphone	Telephon	Telephone	Teléfono
Télex	Telex, Fernschreiben	Telex	Telex
Tirer un chèque	einen Scheck ausstellen	to cash a cheque	hacer un cheque
Touriste	Tourist	Tourist	Turista
Train	Zug, Eisenbahn	Train	Tren
Traite	Wechsel, Tratte	Draft Bill	Letra
Transport par mer	Transport auf dem Seeweg	Transport by sea	Transporte marítimo
Transport par rail	Schienentransport	Transport by rail	Transporte por ferrocarril
Transport par camion	Lastwagentransport	Transport by road	Transporte por carretera
Transport par avion	Transport auf dem Luftweg	Transport by air	Transporte aéreo
T.V.A.	Mehrwertsteuer	Purchase tax/V.A.T.	I.V.A.

U ——

Unité	Stock, Einheit	Unit	Unidad
Usine	Werk, Fabrik	Factory	Fábrica

V ——

Vendre	verkaufen	to sell	vender
Vente	Verkauf	Sale	Venta
Versement	Einzahlung, Zahlung	Payment	Entrega, Abono
Verser	einzahlen, auszahlen	to pay	entregar, abonar
Ville	Stadt	Town, City	Ciudad
Virement	Überweisung	Transfer	Giro
Visite de la ville	Stadtbesichtigung	Visit of the town	Visita de la ciudad
Vol	Flug	Flight, Theft	Vuelo
Voyage d'affaires	Gerschäftsreise	Business travel	Viaje de negocios
Voyage de groupe	Gruppenreise	Tour	Viaje de grupo
Vérifier (les comptes)	(Rechnungen) überprüfen	to audit accounts, to check	verificar (las cuentas)

Points grammaticaux abordés

Points traités \ Chapitre	1								2								3							
Situation	1	2	3	4	5	6	7	8	1	2	3	4	5	6	7	8	1	2	3	4	5	6	7	8
1 Le présent : forme des verbes, affirmation, interrogation, négation	■																							
2 Le groupe nominal sujet (nom et pronom)		■																						
3 Le groupe nominal complément du verbe (noms seuls) (direct ou indirect)			■																					
4 Les valeurs du présent				■																				
5 Pronoms personnels compléments directs, formes et place					■																			
6 Article + nom, genre et nombre						■																		
7 Expressions de lieu							■																	
8 « Y »								■																
9 Pronoms personnels compléments indirects, formes et place									■															
10 Futur : formes et valeurs									■															
11 Passé composé											■													
12 Imparfait												■												
13 L'expression du passé : imparfait et passé composé													■											
14 L'expression du moment : passé, présent, futur														■										
15 L'expression de la durée															■									
16 Prépositions et adverbes																■								
17 « En »																	■							
18 Possessifs et démonstratifs																		■						
19 Adjectif qualificatif : formes et place																			■					
20 La comparaison et l'intensité																				■				
21 L'expression de la quantité																					■			
22 Les accords dans la phrase simple																						■		
23 L'ordre des mots dans la phrase simple																							■	■

N.B. : Pour le système de progression suivant le principe de « l'écho », voir l'introduction.

■ 1re apparition   ▨ écho

Table des enregistrements

Textes enregistrés

p. 58
Le modèle 250 coûtera 1 500 F au lieu de 1 650 F.
Le modèle 715 coûtera 3 600 F au lieu de 3 300 F.
Le modèle 430 coûtera 1 100 F au lieu de 1 050 F.
La désignation du modèle 140 sera *Deauville* au lieu de *Nice* ; celle du modèle 62 sera *Biarritz* au lieu de *Cannes*.

p. 70
Adresse du destinataire : Établissements Lefranc, 43, rue de Paris, 64200 Biarritz.
Objet : votre demande du 10 juin
Messieurs,
Nous avons bien reçu votre lettre du 10 juin et nous vous remercions de la confiance que vous nous témoignez. Nous avons le plaisir de vous informer qu'il nous est possible de vous livrer immédiatement 50 tonnes de beurre doux. Le transport se fera par chemin de fer. Le paiement se fera au comptant.
Dans l'attente de votre commande ferme, nous vous prions d'agréer, Messieurs, l'expression de nos sentiments dévoués.

p. 108
ESX 22733, VRX 22744, NPR 33255, DHR 33414.

p. 114
Lot n° 26, code 121, B.P. 2335, 2 tonnes.
Lot n° 87, code 157, B.P. 1281, 8 tonnes.
Lot n° 37, code 126, B.P. 2312, 4 tonnes.

TABLE DES MATIÈRES

Imprimé en France
Imprimerie I.M.E. - 25-Baume-les-Dames
Dépôt légal : N° 157-11/1990 - Collection N° 27 - Édition N° 01

15/4851/0